몸과 마음의 회복을 위한

아이레스트 명상

Richard Miller 저 | 노은아 · 조옥경 공역

YOGA NIDRA

The iRest Meditative Practice for Deep
Relaxation and Healing, New Edition

학지사

역자 서문

"심리치료가 자전거를 타고 가는 것이라면 참선은 스타트렉이다. 광속으로 가는 우주선처럼 순간 이동할 수 있다." 지금은 육체를 떠나신 숭산 스님께서 미국에서의 강연 중 하신 말씀이다. 20여년 전 서점에서 우연히 펼쳐 든 윗파사나 명상 책을 읽어 나가면서 나도 비슷한 느낌을 받았다. 적지 않은 시간과 노력이 드는 정신치료의 여정을 걸어 온 임상심리학도이자 개인의 내적 성장의 다양한 길을 고민하던 나는 그 책 속에서 명상이 갖는 성장과 치료적 가능성을 보았다.

하지만 명상 세계로의 입문은 쉽지 않았다. 집과 선원에서 나름 여러 방법으로 수련을 시도했으나 신체적으로 바른 자세를 유지하는 것부터 나에게는 도전이었다. 마음은 더 쉽게 흐트러졌는데, 눈을 감고 있노라면 이런저런 생각들 사이를 방황하기 일쑤였고 결국은 나 자신의 박약한 의지력을 확인하며 명상을 마치곤 하였다. 그렇게 긴 시간 명상으로의 문턱을 넘지 못하고 있다가 이 책의 공동번역자인 조옥경 교수님을 통해 리처드 밀러Richard Miller의 아이레스트iRest: integrative restoration 명상을 알게 되었다.

아이레스트 명상(이 책에서는 독자들에게 좀 더 쉽게 전달하기 위해

iRest를 아이레스트 명상으로 번역하였다.)은 인도의 저명한 요가 스승인 사티아난다 사라스와티^{Satyananda Saraswati}가 고대 명상 수행법을 바탕으로 개발한 '요가 니드라^{yoga nidra}'의 발전된 형태이다. 산스크리트어로 '요가의 잠' '깨어있는 잠'이라는 의미가 있는 요가 니드라는 마음챙김 형식의 명상이자 의식적으로 긴장을 풀고 이완하는 법을 배울 수 있는 행법이다. 그리고 이를 미국의 임상심리학자인 리처드 밀러가 인지 행동 치료, 자유 연상, 점진적 근육 이완, 체계적 둔감화, 게슈탈트 심리학 등의 다양한 현대적인 치료법과 이론들을 적용하여 발전시킨 것이 아이레스트 명상으로 생리적 · 심리적 원리를 통합하는 방식이라고 할 수 있다.

아이레스트 명상의 가장 매력적인 점은 편히 누운 사바아사나 자세로 수련하기 때문에 바른 자세를 유지하려고 애쓸 필요가 없다는 것이었다. 또한 안내자의 지시를 따라가기만 하면 되기 때문에 끊임없이 일어나는 잡념과 다투지 않고 몸과 마음을 내려놓을 수 있었다. 또한 원리와 자세한 지침들이 있어 지도자 없이 수련할 때 맞닥뜨리는 의문들을 잠재울 수 있었다.

아이레스트 명상으로 하루를 시작한 지 어느새 2년이 넘는 시간이 흘렀다. 나는 여전히 수련 중에 종종 잠들기도 하는 초보 수련자이지만, 순간순간 일어나는 경험들에 덜 휩쓸리게 되었고, 일상에서도 평정심을 회복하는 것이 이전보다 쉬워졌다. 무엇보다도 수련을 꾸준히 이어 갈 수 있다는 확신과 매일의 수련이 나를 참된 본성으로 이끌어 줄 것이라는 희망이 큰 위안이다.

참된 나를 만나는 길은 여러 가지일 것이다. 내게는 아이레스트 명상이 진정한 존재를 회복하는 길을 열어 주었다. 아이레스트 명상이 여러분의 명상 여정, 나아가 삶의 여정 또한 밝게 비추어 줄 수 있기를 소망해 본다.

2024년
노은아

리처드 밀러 박사의 추천사

변형적 치유와 내면의 평화를 추구하는 분들께,

자기 발견, 치유, 깨어남의 심오한 여정을 함께 시작하게 된 여러분을 진심으로 환영합니다. 제 책 『아이레스트 명상(YOGA NIDRA: The iRest Meditative Practice for Deep Relaxation and Healing)』을 여러분께 소개하게 되어 큰 기쁨과 깊은 존경심을 느낍니다. 이 책에서 여러분은 내면에 잠들어 있는 무한한 잠재력을 깨우는 지혜와 수행법을 발견할 것입니다.

저는 심리학자, 치료사 그리고 명상 지도자로서 수많은 사람의 삶이 아이레스트 명상 수련을 통해 변화하는 것을 목격했습니다. 고대의 전통과 현대 과학의 통찰력이 바탕이 되는 이 책은 깊은 휴식, 치유, 깨어남의 상태로 가는 관문입니다. 여러분의 진정한 본질이 빛을 발할 수 있는 심오한 평화의 장소로 부드럽게 여러분을 안내하고자 합니다.

요가 니드라(요가=본성에서 깨어남, 니드라=마음이나 몸의 변화 상태와는 무관)는 일상적인 의식의 경계를 초월하여 존재의 가장 깊은 층에 접근할 수 있는 명상 수행법입니다. 부드러우면서도 강력한 기술을 통해 마음과 몸, 감정이 펼쳐지는 광경을 탐색하는 방법을 배우면 오랫동안 자신을 사로잡아 온 긴장과 고통의 매듭을 부드럽게 풀어낼 수 있습니다.

고대 지혜의 가르침에 뿌리를 두면서도 현대인의 삶에 맞게 적용한 아이레스트 명상은 내면의 변화를 위해 독특하면서도 접근하기 쉬운 길을 알려 줍니다. 숙련된 수행자든, 명상의 세계에 처음 입문한 사람이든 이 책은 여러분이 있는 그곳으로부터 내면의 성스러운 안식처까지 여러분을 부드럽게 안내할 것입니다.

여러분은 책에서 실제적 지침, 영감을 주는 이야기, 변화로 이끌어 가는 명상이라는 보물을 발견할 수 있습니다. 각 장을 통해 도전이 되는 감정을 탐색하고, 제한적인 신념에서 벗어나고, 타고난 지혜를 일깨우고, 삶의 충만함을 기꺼이 받아들일 수 있도록 우리 존재의 다양한 측면을 탐구하게 됩니다.

자기 탐색의 바다로 여러분을 초대합니다. 이 페이지를 넘기며 깊은 휴식과 치유, 가장 본질적인 본성을 다시 일깨우는 경험을 하시길 바랍니다. 이 책이 여러분의 여정에 위로와 지침이 되고, 내면에 무한한 사랑과 지혜, 은혜의 샘이 있음을 상기시키는 든든한 동반자가 되길 바랍니다.

아이레스트 명상을 삶에 초대하신 여러분께 무한한 사랑과 감사, 축복을 보냅니다.

리처드 밀러 박사

『아이레스트 명상』 추천사

"당신이 깊은 이완을 원하든 스트레스 감소나 영적 변화를 구하든 요가 지도자이자 비이원론 심리치료자인 리처드 밀러와 함께하면 안심해도 된다. 지혜와 따뜻함, 편안함이 충만한 그의 아이레스트 명상 지시는 당신을 본연의 평온함으로 이끄는 힘이 있다.

－스테판 보디안Stephan Bodian

『요가 저널Yoga Journal』의 전 편집장.

『초보자를 위한 명상Meditation for Dummies』의 저자.

『초보자를 위한 불교Buddhism for Dummies』의 공동저자

이 책에서 리처드 밀러는 지금까지 서양에는 알려지지 않았던 요가 니드라 수련을 세련되고 힘 있게 안내한다. 아이레스트 명상은 여러모로 그의 비이원적 가르침을 실천할 수 있는 완벽한 방법이며, 그의 수련 방식은 단순하지만 깊이 있고 변형을 가져오는 정말 기분 좋은 것이다. 모든 영적인 작업이 그렇듯이 이 수련도 시작부터 결실을 거둘 수 있다. 단지 존재하는 것만이 필요하며 이는 비이원성으로 가는 길이자 목표이다.

－ 스티븐 코프Stephen Cope

『참자아, 요가의 지혜를 위한 요가와 탐구Yoga and the Quest for the True Self and The Wisdom of Yoga』의 저자

『아이레스트 명상』 추천사

리처드 밀러 박사는 스승들의 스승이다. 우리의 본질에 이르는 분명하고 명료한 여정에 대한 그 자신의 경험을 아이레스트 명상을 통해 함께 나누어 준다. 영적인 여정에 있는 모든 스승과 학생에게 적극적으로 추천한다.

―래리 페인Larry Payne Ph D.
요가치료처방Yoga Therapy Rx의 설립자,
『초보자를 위한 요가와 요가 처방Yoga for Dummies and Yoga Rx』의 공동저자.
『초보자를 위한 50세 이후의 요가Yoga After 50 for Dummies』의 저자

리처드 밀러의 저서 『아이레스트 명상』은 이 가장 오래된 수행을 이해하는 데 대단한 기여를 했다. 새롭지만 종종 공허한 울림만 주는 책들이 쏟아지는 출판계에서 이 책은 초보자이든 숙련자이든 모든 요가 수련자들이 소장해야 될 책이다. 학생들과 동료들에게는 이미 익숙한 리처드의 따뜻함과 빛나는 존재감이 모든 페이지에 배어 있다.

―도나 파리Donna Farhi
『요가 마인드, 몸과 영혼, 요가를 삶에 불러들여라Yoga Mind, Body & Spirit and Bringing Yoga to Life』의 저자

리처드 밀러는 어떠한 여정이나 영적 전통에 있는 이들이든 모두를 아이레스트 명상이라는 가장 강력한 수련에 그와 함께하도록 초대한다. 그의 안내는 명확하고 영감을 불어넣는다. 이 책은 깨달음에 대한 내적 열망의 소리를 듣고 느끼는 이들이라면 누구나 반드시 읽어야 한다.

―릴리아스 폴란Lilias Folan
『나이 들수록 요가가 더 좋다Lilias! Yoga Gets Better with Age』의 저자

이 책의 페이지를 넘길 때마다 감사함이 마음을 가득 채웠다. 물론 책이 주는 깊은 가르침에 대한 감사였다. 그러나 지극히 사적인 여정—우리 자신이라는 집으로 돌아오는—을 안내하는 리처드 밀러의 정확하면서도 부드러운 방식에 대한 감사이기도 했다. 이 책은 천천히 음미하며 깊이 체득해야 한다.

—주디스 핸슨 라세터Judith Hanson Lasater Ph D.
『요가바디Yogabody』의 저자

당신의 목표가 마음의 평화이든 깨달음의 비결이든, 당신 여정의 시작은 여기이다.

리처드 밀러가 기분이나 몸의 아픔, 통증 혹은 자기제한적인 신념 아래에 가려 있는, 당신 존재의 진정한 광대함을 찾아가는 여정(앞으로 당신이 평생 동안 매일 반복하게 될)을 안내할 것이다.

—에이미 웨인트라우브Amy Weintraub
『우울증을 위한 요가Yoga for Depression』의 저자

머리말

숙면을 취하는 것은 삶의 기쁨 중 하나이다. 잠에 막 빠져들기 전 몽롱하게 있는 시간은 완전히 이완되어 명상 속에 있는 축복의 순간이기에 더욱 달콤하게 느껴진다. 이것이 명상전통의 기본 수행 중 하나인 요가 니드라[1]의 세계이다.

우리 모두는 휴식이 필요하다. 편안히 누운 상태에서 잠을 통해 재정비의 시간을 가진다. 충분한 휴식을 취하지 못하면, 몸이 '유지보수 모드'에 필요한 충분한 시간을 갖지 못하여 위기감을 느끼게 된다. 삶은 활동과 휴식의 리듬이며, 잘 살아가기 위해서는 이 둘 사이에 적절한 균형이 필요하다. 생각보다 훨씬 많은 수면 시간이 필요한데, 성인의 경우 보통 7시간에서 9시간의 수면 시간이 필요하다. 아이들의 경우에는 더 많은 수면과 꿈이 필요하고, 유아들은 하루에 15시간까지 잠을 자기도 한다. 고양이는 하루 20시간씩 자고 개미들은 매일 수백 번씩 1분가량의 파워냅[2]을 잔다고 한다.

---

1) 역주: 요가 니드라는 저명한 요가 스승인 사티아난다 사라스와티$^{Satyananda\ Saraswati}$가 힌두교의 의례 체계인 탄트라의 니아사를 바탕으로 개발한 것으로 인도에서 널리 행해지는 요가 수행법이다. 그리고 본서의 저자인 리처드 밀러 박사는 이 요가 니드라를 기본으로 하되 좀 더 발전시킨 명상법을 아이레스트 요가 니드라 명상으로 명명하였고 본 역서에서는 이를 아이레스트 명상으로 축약하여 명명하였다.

2) 역주: 짧고 깊은 낮잠으로 기민성 및 심리적 행동능력, 기분 등을 상승시켜 주는 효과가 있다

잠은 우리의 육체를 회복시켜 최고의 기능을 발휘할 수 있게 하도록 수십억 년 동안 자연의 진화를 거쳐 온 마법 같은 힘이다. 낮 시간을 따분하게 보내든 열정을 쏟든 우리는 육체적 · 정신적으로 지치게 되는데, 잠을 자는 동안 몸의 회복 기제가 재건되면서 우리를 다시 강하게 만든다. 밤에 잠을 자는 동안 몸은 치유의 힘을 가동시켜 전날의 피로를 씻어 내고 육체를 회복시키며 다음 날의 도전에 더 잘 대처할 수 있도록 재설계된다.

우리는 때로 너무 지쳐 하룻밤 잠의 치유로는 다 회복하지 못한다. 이런 일은 누구에게나 일어난다. 살다 보면 크고 작은 외상들이 쌓이므로 이를 치유하기 위해서는 단순한 잠보다 더 강력한 무언가가 필요하다. 우리의 몸과 마음에 남은 스트레스의 잔재들이 깊은 잠을 방해하는 악순환에 빠지기도 한다. 그럴 경우, 다음 날 잠의 부족으로 약한 상태가 되어 스트레스에 더욱 취약해진다.

다행히도 자연은 인체에 추가적인 자기치유의 힘을 비치해 두었다. 명상의 상태에서 우리의 내면은 완전히 깨어 수련하면서도 생리학적으로는 잠보다 더 깊은 수준의 휴식에 들어간다.

이것이 요가 니드라의 세계이다. 요가 니드라에서 요가는 '결합' '방법' '연결', 니드라는 '잠'을 뜻한다. 조합하면, '요가 니드라'는 '요가 수행자의 잠'으로, '명상적 잠', 즉 '반은 명상상태이고 반은 잠든 상태' 잠과 같이 깊은 명상상태'라고 할 수 있다. 이러한 상태는 생존의 본능으로, 인체의 타고난 능력이기 때문에 이 책이 제시하는 방식대로 한다면 우리는 의도를 가지고 자발적으로 요가 니드라에 들어갈 수 있다. 만일 당신이 내적으로 깨어 생명의 빛 속에 있는, 그런 종류의 낮잠에 빠졌다가 1시간쯤 지나 완전히 새로 태어난 느낌

으로 깨어난 적이 있다면, 이미 자신만의 요가 니드라를 경험한 것
이다. 마치 마법의 물약을 마셨거나 천사가 치료를 막 끝낸 것 같은
느낌이라고 할 수 있다.

어느 오후, 지나가는 길에 나는 여동생의 집에 들렀다. 거실에 함
께 서 있을 때, 나는 그녀가 내면의 빛으로 은은하게 빛나는 걸 보았
는데, 그 빛은 깊은 명상적인 체험을 한 사람들이나 결혼식장에 서
있는 신부에게서 나오는 그런 종류의 빛이었다.

"다니엘라, 너는 오랫동안 명상을 해 온 사람처럼 보이는구나."
6개월의 아기와 7세가 안 된 두 아이의 어머니인 그녀는 나의 터무니
없는 말에 웃음을 터뜨렸다.

"말도 안 돼. 화장실 갈 시간도 없는걸."

"하지만 그렇게 보여, 깊은 명상체험을 한 것처럼 말이야. 넌 빛나
고 있어. 어떻게 된 일인지 얘기 좀 해 봐."

다니엘라는 아기 수유를 위해 새벽 2시에 일어나서 거실의 소파
에 앉아 있었던 일을 자세히 이야기하였다. 때는 여름으로, 창문이
열려 있었고 그녀는 주변의 모든 소리, 미풍에 나뭇잎이 부드럽게
바스락거리는 소리를 듣고 있었다. 수유가 끝난 후, 아기는 잠들고
그녀는 아기가 깨지 않도록 미동도 없이 아기를 안고 앉아 있었다.

"이 사랑스러운 조그만 존재만 생각하며 꽤 오랫동안 어둠 속에 앉
아 있었는데, 나도 모르게 잠이 들었어. 아마 반쯤은 잠들고 반쯤은
깨어 있었던 같아. 내가 사라지는 듯했어. 그리고 다시 나무 사이의
바람소리를 듣고 있었어. 모든 것이 평화롭고 완벽하게 느껴졌어."

나는 자연스럽게 일어나는 요가 니드라 상태를 적절히 묘사하는
예로 늘 이 경험을 언급한다. 온몸으로 무언가를 사랑하는 사람들은

치유의 세계로 들어가는 문을 찾곤 한다. 연인들은 안다. 화가도 음악가도 안다. 밤바다를 항해하는 선원들도 알고 있으며 젖 먹이는 어머니들도 안다.

과거 요가 수행자들은 우리가 잠에 빠지거나 명상으로 전환될 때 일어나는 순간순간의 변화들을 유심히 관찰하다가 내적 비옥함이 가득한 세계를 발견하였다. 그들은 일상적인 깨어 있는 순간과 잠자는 순간 사이에 잔류하는 재생의 선물을 소중히 여겼다. 그리고 관련된 지식을 수트라와 탄트라[3]와 같은 경전을 통해 전해 왔다. 비가냐 바이라바 탄트라Vignāana Bhairava Tantra [4]에 따르면 "깨어 있는 상태와 잠의 상태 사이에 휴식을 위한 신성한 세계가 있으니 그곳에 들어가 절대자의 치유의 힘 속에 흠뻑 젖어들라."

이 산스크리트 문장은 시적이며 우리를 환기시킨다. 여기에 파라 데비 프르카사테parā Devī prkaśate라는 표현이 있는데, 파라parā는 초월한, 절대의, 데비Devī는 여신, 신성한 의식의 여성적인 측면이며 프라카사prakāśa는 볼 수 있는, 빛나는, 밝음, 찬란함, 영광, 웃음이다. 다시 말하면, 이러한 달콤한 휴식 속에 있는 것은 마치 생명 자체인 여신의 비밀스러운 치유의 성전으로 들어서는 것과 같다. 회복의 힘에 흠뻑 젖었다가 생기를 되찾는다.

나는 이 문장을 쓴 사람이 찬란함과 웃음의 의미를 동시에 지닌 프라카사라는 단어를 사용한 것이 매우 반갑다. 요가 니드라는 멋진

---

3) 역주: 수트라, 탄트라는 힌두교, 불교 등의 인도 종교계의 경전을 의미하는데, 수트라는 금언과 같은 사상적인 가르침, 탄트라는 수행체계와 같은 실천적인 가르침을 기록한 것이다.
4) 역주: 카슈미르 사이비즘 전통을 기반으로 한 탄트라로 요가와 명상의 초기 가르침 중 하나이다.

경험이며 프라카사는 요가 니드라에 어울리는 완벽한 단어이다. 거의 잠들어 있으면서도 명상하고 있는 호사스러움에 대한 금기가 있지만 이는 기분 좋은 일이다.

사람들이 바닥에 누웠다가 일어나면서 "세상에, 이렇게나 상쾌할 수가 있을까요? 언제든 이용할 수 있는 이런 능력이 내 안에 있었다는 걸 믿을 수가 없어요. 내 마음에서 수백 파운드의 무게를 내려놓은 느낌이에요. 요가 니드라는 게임 체인저예요."라는 식으로 이야기하는 것을 50년 이상 들어 왔다.

지금 당신이 읽고 있는 이 책은 당신 자신이 지닌 치유의 힘에 접근하도록 도와주는 초대이다. 혹은 생명 자체에 내재된 특별한 힘이라는 여신이, 마법의 묘약으로 당신의 세포를 어루만지도록 허락하는 것이다. 여기에 대해서는 자신이 좋아하는 방식으로 생각하고 과학적이든 혹은 시적이든 적절한 용어를 쓰면 된다.

요가 니드라는 당신이 익힐 수 있는 마법의 힘으로, 그 방법은 어렵지 않다. 요가 니드라 세계로 가는 리처드 밀러 박사의 안내는 당신이 어느 곳에서도 만날 수 없을 만큼 훌륭하다. 리처드는 온화하고 현명한 영혼의 소유자로, 고대 요가 명상 기법을 현대 세계에서 쉽게 이해할 수 있도록 하는 데 일생을 바쳐 왔다. 신이시여, 휴식, 치유와 타고난 존재로 깨어나기 위해 새로운 기술을 개발할 필요가 있을까요?

2021년 6월
로린 로체Lorin Roche
캘리포니아 마리나 델 레이

2판을 출간하며

우리는 모두 건강하기를, 행복하기를 원한다. 우리는 모두 고통으로부터 벗어나기를 원한다. 하지만 변화와 도전이 끊이지 않는 몸, 마음, 감정, 세계 속에 살면서 이를 어떻게 이룰 것인가? 사실 질병, 불행, 고통은 선택이다. 그것들은 우리의 관념이 창조하고 투사한 것이자 문화적 조건화로 강화된 것이며, 주변 모든 것으로부터 분리된 존재로 태어나서 고통받고 죽는다는 믿음에 그 뿌리를 두고 있다.

불변하는 것

자연의 세계에서는 당신과 나를 포함하여 만물이 변화한다. 즉, 태어나고 자라고 쇠퇴하고 죽는다. 그것은 태어나지도, 창조되지도 않았으며 시공간을 초월해서 존재하여 변함없이 영원하며 상처 입지 않고, 치유도 필요치 않으며 전적으로 부인할 수 없는 '무언가가' 당신과 나에게 있다는 말이다. '이것'을 알면 우리의 상황이 어떠하든 변하지 않는 건강, 평화, 만족, 안녕감, 고통으로부터의 자유를 깨닫고 체화할 수 있다. 모든 시대의 성인, 현자, 서민까지 한결같이 자신의 깨달음이 이런 인식의 결과라고 설명해 왔다. 요하네스 타울러, 붓다, 마이스터 에크하르트의 이야기를 들어 보자.

여기를 넘어 우리는 다른 영역으로 인도되는데, 거기에서는 우리 자신을 완전히 잃어버려 우리의 흔적이 전혀 남지 않는다. 여기에서 일어나는 것, 경험하고 기뻐하는 것은, 마음이 결코 경험하거나 상상하고 이해할 수 없는 것이다. 실로 마음이 그런 것을 어떻게 포착할 수 있을까? 왜냐하면 신성의 단순하고, 순수하고, 거짓 없는 일체 속에서 신성함 외에는 아무것도 알지 못하고, 느끼지 못하고, 이해하지 못하기 때문이다.[1]

−요하네스 타울러^{Johannes Tauler}

이것은 물질의 모든 영역을 넘고 마음의 모든 영역을 넘어서 있으며, 이 세상에 있지도 저 너머의 세상에 있지도 아니하고, 달에도 해에도 있지 아니하며 떠오르지도 사라지지도 않는다. 죽지도 다시 태어나지도 않는다. 이것은 발달하지도 않고 그 어떤 기반도 없다. 이것은 태어나지 않았고 무언가로 되지도 않으며 창조되지 않고 조건화되지도 않는다.[2]

그러나 이것을 비어 있거나 공허한 것이라고 생각하지 말라. 구별은 없지만 무한하고 모든 곳에 빛나며 물질적 요소로 훼손되지 않고 어떤 힘에도 종속되지 않는다. 여기에서 조건화된 의식이 멈춘다. 여기에서

---

1) Johannes Tauler. Paulist Press, *Sermons*, trans. Maria Shrady (1985), 77. 요하네스 타울러(1300-1361 CE)는 독일의 신비주의 신학자이며, 스트라스부르 도미니카 수도회 소속으로 그곳에서 마이스터 에크하르트의 가르침에 많은 영향을 받았다.

2) Gautama Buddha in the Kevaḍḍa Sūtra. K. N. Jayatilleke. *Facets of Buddhist Thought* (2009), 95.을 참고하라.

고통도 멈춘다.[3]

―고타마 붓다^{Gautama Buddha}

돌파를 통해서 내가 내 자신의 의지, 신의 뜻, 신의 모든 일과 신 자체로부터 자유로워질 때, 나는 모든 피조물을 넘어섰으며 신도 피조물도 아니다.

단지 나는 내가 현재 존재하고 있고 앞으로도 영원히 머물 그곳에 있다. 왜냐하면 이 돌파는 나와 신이 둘이 아님을 증명하기 때문이다. 이곳에서 나는 과거의 나로서, 흥하지도 멸하지도 않으며 만물을 움직이는 부동의 원인이다. 여기에서 우리는 지금까지 존재해 온 그리고 미래에 영원히 남을 우리를 넘어선다.[4]

―마이스터 에크하르트^{Meister Eckhart}

이 책과 MP3 녹음을 통해 아이레스트 명상 수련을 당신에게 소개할 수 있어 영광이며, 이 책과 녹음은 당신이 타울러, 붓다, 에크하르트의 깨달음을 체현하도록 도움을 주는 데 목적이 있다. 그리고 이를 통해 당신은 질병, 고통, 불행, 생사나 분리에 대한 믿음을 초월하여 타고난 권리인 불변하고 영원히 지속되며 파괴되지 않는 만족과 안녕감을 체화할 수 있다.

---

3) Gautama Buddha in the Udāna Sūtra. Tse-fu Kuan (2020). "Conscious of Everything or Consciousness Without Objects? A Paradox of Nirvana," *Journal of Indian Philosophy* 48, 329-351. 을 참고하라.

4) Meister Eckhart, *The Complete Mystical Works of Meister Eckhart*, trans. Maurice O'C Walshe (2009), 424. 마이스터 에크하르트(c. 1260-1328 CE)는 신성 로마 제국시대에 지금은 중부 독일에서 태어난 독일의 신학자, 철학자, 신비주의자이다.

이 고대의 가르침을 통해 당신이 깨달을 수 있는 것은 형언하기 어렵고 시공간을 초월하지만 내재된 깊은 존재의 경험이자 모든 생명과 분리할 수 없는 상호연결성이다. 이런 깨달음은 당신에게 '모든 이해를 초월하는 평화'를 선사하여, 당신이 무엇을 하고 어디에 있고 누구이든, 파괴되지 않는 안녕감, 의미, 목적 속에 머무를 수 있게 한다. 이를 위해 당신에게 필요한 것은 단지 당신에게 이미 존재하는 본성을 직접 경험으로 이해하려는 깊은 호기심, 확고한 인내심, 굳건한 의지이다. 당신에게 필요한 것은 오직 그것을 인식하는 방법을 배우는 것뿐이다.

본성을 깨달은 사람들은 이 경험을 '깨어지지 않는 평화' '사랑' '광활한' '빛나는' '항상 존재하는' '불변의' '형언할 수 없는' '비이원적인' '순수 자각' '존재' '현존' '에센스(정수)'와 유사한 용어들로 묘사한다.

이 각각의 개념은 본성이라는 다이아몬드가 가진 서로 다른 측면 혹은 독특한 멋을 표현한다. 이 책에서 나는 '에센스'를 본성의 세 가지 본질적인 측면, 즉 자각, 존재, 현존에 상응하는 의미로 사용하였다. 이것들은 우리가 명상과 치유, 자각의 도정에서 본성을 경험하는 구체적인 방식이다.

본성은 변하지 않고 시공간, 진화를 초월하지만 이러한 이해를 깨닫게 해 주는 가르침은 끊임없이 진화해 왔다. 오비디우스가 8세기에 쓴 서사시 『변신』의 다음 구절이 떠오른다. "이 새롭고 현대적인 시대에……." 그의 말은 우리 각자는 나름의 '새로운 현대적 시기'에 성장하므로 우리 자신과 주변 세계를 보는 시각을 그 시대에 맞는 방식으로 적용해야 된다는 인식을 반영한다. 마찬가지로 다양한 국적, 문화, 배경을 가진 수천 명의 개인이 고통에서 벗어나고 본질의 전일성을 체현할 수 있게 아이레스트 명상을 수십 년 동안 지도하면서, 나의 앎이 어떻게 진화되어 왔는지를 이 책의 가르침 속에 반영하였다.

기억하기

우리가 우리의 본성을 인식하지 못할 경우, 우리의 삶에 있어 늘 무언가가 잘못된 것처럼 느끼게 된다. 무언가가 잘못되었다는 느낌은 우리가 잊고 있던 전일성을 지향하고 구현하도록 하기 위해 일어난다. 아이레스트 명상 수련은 당신의 몸과 마음이 어떠한 상태이든 고유한 건강과 전일성으로서의 본성이 드러나도록 하고 구현할 수 있도록 설계되었다. 본성은 타고난 것이다. 그것은 이미 전일적이고 완전하여 치유나 수정, 변화가 필요치 않다. 당신이 해야 할 일은 단지 그것을 인식하는 것뿐이다.

이러한 관점에서 본다면 우리가 전일성을 위해 살아가거나 아이레스트 명상 수련을 하는 것은 아니다. 우리는 태생적이며 이미 현존하는 전일성이라는 본성을 실천하고 있으며 그에 따라 살고 있다.

건강, 치유, 자각에의 접근은 무엇이 잘못되었는지를 다루는 것으로 시작하여, 이후 취약성이나 가변성을 고려하면서 건강, 전일성, 안녕감을 확립하고 지속적으로 주의를 두는 과정으로 진행된다.

아이레스트 명상

아이레스트 명상은 요가 니드라라는 고대의 가르침을 현대에 맞게 정리한 명상에의 통합적 접근으로 완전히 새로운 접근방식을 제시한다. 본성과 그 기본적인 성질, 즉 자각, 존재, 현존, 전일성, 파괴되지 않는 건강과 안녕감은 태어날 때부터 우리 내면에 존재하는 것으로, 미래에 얻게 되는 것이 아니고 도정의 시작부터 경험될 수 있다는 확신에서 시작한다.

아이레스트 명상의 기저를 이루는 인식은, 우리의 타고난 본성은 훼손되거나 상처입지 않고 결코 치유가 필요치 않으며 항상 존재하고 파괴될 수 없다는 것이다. 신체적·정신적 건강의 문제들은 몸과 마음의 차원에서 다루어져야 되지만, 아이레스트 명상은 우리 각자의 본성이 온전하고 건강하며 치유를 필요로 하지 않음을 처음부터 강조한다. 필요한 것은 이를 인식하고 체화하고 기억하는 것이다.

참된 건강

참된 건강, 전일성, 본성을 위해서는 두 가지 관점을 취해야 한다. 우리 자신을 독특하고 분리된, 진정한, 개별화된 개인으로 경험해야 한다. 그러면서도 우리가 주변의 어떤 사람, 사물과도 분리되어 있지 않고 상호 연결되어 있음을 인식해야 한다. 즉, 우리는 상호 연결되어 있는 본성이라는 다이아몬드의 면들이다. 이 두 가지 관점을 체화할 때, 우리 자신이 스스로와 전우주의 모체이자 내재된 본성의 독특한 표현임을 경험할 수 있다. 우리는 이미 전일적이며 상호 연결되어 있다. 이것은 타고난 유산이다. 우리는 단지 이를 이해하고 인식하며 이 깨달음을 체화하기만 하면 된다.

알베르트 아인슈타인은 다음과 같이 말했다.

인간은 '우주'로 부르는 전체의 일부로, 시공간의 한계를 지닌다. 인간은 자신이나 자신의 생각, 느낌을 나머지 부분과 분리된 것으로 경험하는데 이는 의식의 시각적 망상과 같은 것이다. 이 망상은 개인적인 소망이나 감정을 가장 가까이 있는 몇몇 사람들에게만 한정시키는 감옥과 같다. 우리는 모든 생명체와 전체 자연을 그 아름다움으로 끌어안을 수 있게 자비의 원을 넓혀 우리 자신을 이 감옥에서 해방시켜야 한다.[5]

—알베르트 아인슈타인Albert Einstein

분리라는 신화

생후 18개월까지는 우리 모두 미분화된 본질(자각—현존, 여기 있음—존재)과 전일성의 바닷속에서 유영하는데, 그 속에서는 우리 자신을 감각과 감각적 지각의 흔들리는 파도로 경험할 뿐 분리된 존재로서의 인지적 자각은 없다.

그리고 2세경이 되면, 뇌의 인지 구조들이 연결되면서 분리된 에고—나—자아ego-I-self[6]의 느낌이 생기게 된다.[7] 이 시점에 우리는 우리 자신을 우리와 다른 분리되고 독특한 개인들 가운데서 살아가는 독특한 생명으로 경험하는 자기중심적인 관점을 구체화하기 시작한다.

불행히도 우리의 가족, 문화, 삶의 경험을 통해 강화되는 분리의 감각이 발달할수록 미분화된 전일성의 감각은 배경으로 밀려난다.

---

5) "The Einstein Papers: A Man of Many Parts," *New York Times*, March 29, 1972, nytimes.com/1972/03/29/archives/the-einstein-papers-a-man-of-many-parts-the-einstein-papers-man-of.html.
6) 역주: 요가에서 에고ego는 개인 스스로가 '나라고 의식하는' 물질적, 세속적 자아를 의미한다. 요가에서 self는 자아라고 번역되며 개인의 진정한 본질을 의미한다.)
7) 현재로서는 피아제의 전조작기 단계가 가장 널리 받아들여지는 이론이다.

그리고 우리가 타고난 전일성의 감각과의 접촉을 잃어버릴수록 내부적으로 '뭔가 잘못된 느낌'을 가지게 된다. 분리된 자기라는 자기중심적인 믿음이 커지면, 우리의 에고-나-자아$^{ego-I-self}$ 기능은 이느낌과 동일시하여 '내게 뭔가 잘못이 있다.'라고 해석한다. 이런 믿음과의 동일시 및 융합은 우리를 내적 혼란으로 몰아넣어 혼란, 불안, 고립감, 소외감, 수치심, 우울을 초래한다. 그러나 이 믿음은 동시에 그 근원을 가리키는 포인터 역할을 하면서 우리의 본질-전일성을 인식하고 재구현할 수 있게 해 준다. 왜냐하면 성인이 된 우리에게는 선천적이며 파괴될 수 없는 전일성과 안녕감을 인식하고 이해하며 체현할 수 있는 인지적 자원(유아기에는 불가능했던)이 있기 때문이다.

본질적인 전일성을 인식하고 체화하면, 당신의 삶은 흔들리지 않고 파괴되지 않는 건강, 안녕감, 평정심, 평화, 따뜻한 자비와 친절 속에서 번성한다. 당신의 전일성을 알고 그에 따라 살면 어떤 삶의 도전 속에서도 확고한 내적 가치, 의미, 목적과 깨지지 않는 안녕감, 건강의 느낌을 지닐 수 있다.

이 책을 읽고 MP3 녹음을 이용할 경우, 이 시대를 초월한 수련이 다른 사람들에게 도움이 되었던 것과 마찬가지로 당신에게도 도움을 줄 것이다. 그리고 당신이 어디에서 누구와 있고 어떤 상황에 처하든, 당신 내면에 전일성과 변함없고 파괴되지 않는 안녕감, 기쁨, 평정심, 건강이라는 본성을 지니고 있어 언제든 가용하다는 사실을 인식하도록 도와줄 것이다. 이 수련을 당신의 삶에 초대하여 당신 자신에게뿐만 아니라 타인에게도 빛을 비춰 줄 수 있기를 바란다.

아이레스트 명상의 놀라운 세계에 온 것을 환영한다.

차례

진실을 밝히는 데는 말 한마디면 충분하다.

— 신회 Shen Hui _

서론

공공연한 비밀

감각적 쾌락에 빠지면 더 많은 쾌락에 끌린다. 끌림으로부터 집착이 생겨나고 소유의 욕망은 열망과 분노를 일으킨다. 열망과 분노는 판단을 흐리게 하여 미혹으로 이끌고, 과거의 실수로부터 배우지 못하게 하여 지혜로운 선택을 하는 데 실패한다. 이것이 분리의 길이다. 그러나 감각들의 세계에 있다 해도 조화를 유지하고 집착이나 혐오로부터 자유로우면 본성의 지혜, 진정한 존재의 평온함 속에 머물 수 있어 모든 슬픔과 고통은 끝난다.[1]

1970년대 나는 처음 요가과정을 공부하면서 요가 니드라의 기초를 접하였다. 첫 번째 수업이 끝날 때, 지도자는 몸의 각 부분의 민감성을 높여 주는 정교한 요가 동작을 천천히 하도록 한 후, 바닥에 완전히 누워 깊은 이완으로 들어갈 수 있게 전통적인 요가 자세인 사바아사나Savasana를 취하게 했다.

지도자는 우리가 몸 전체에 대한 감각을 의식할 뿐만 아니라 따뜻함-차가움, 초조함-고요함, 두려움-평온함, 슬픔-기쁨, 분리감-일체감과 같은 상반된 경험들을 하도록 노련하게 안내하였다. 이런 상반된 경험에서 오는 감각에 교대로 주의를 두다 보니 이전에 느꼈던 집착이나 혐오감 없이 대립되는 경험을 체화할 수 있었다.

---

1) *Bhagavad Gita*, 2:61-66. 저자의 해석.

그날 저녁, 나는 나의 존재가 완전히 이완되고 확장됨을 느끼며 집으로 돌아왔다. 몇 년 만에 처음으로 모든 갈등에서 벗어난 듯했고 기쁨으로 빛났으며 전우주와 조화를 이루는 느낌이었다. 삶이 그 자체로 완벽하고 내 자신은 광활하며 국한되지 않는 현존 자체였다. 내가 세계 속에 있다고 느끼던 평상시의 경험 대신, 어린 시절 익숙하던, 내 안에 세계가 있다고 느끼는 비정신적(non-mental) 경험을 하고 있었다.

이 경험은 지속적으로 공명하면서 의식적으로 깨어나 충분한 현존의 감각 속에 머물고 싶다는 소망을 내게 남겼다. 또한 요가의 기술, 특히 내가 이후에 요가 니드라로 배우고 경험한 사바아사나를 깊이 이해하고 싶다는 강한 열망을 깨웠다. 이러한 갈망은 결국 명망 있는 스승들로부터 가르침을 받을 수 있는 기회를 주었고 수년간의 개인수련을 통해 아이레스트 명상 지도자가 되어, 그룹수업, 개인회기, 워크숍, 훈련 및 명상 집중수련에서 수천 명의 학생들을 능숙하게 안내할 수 있도록 이끌었다.

이제 내가 첫 요가 수업에서 되찾은 비밀을, 마음의 참평화와 깨지지 않고 변함없는 평정심, 기쁨, 어떤 상황에서도 방해받지 않는 행복을 찾는 모든 이들에게 공개한다. 내가 깨달았다면 당신도 깨달을 수 있다. 내적 평화로 가는 열쇠는 철옹성같은 비밀이 아니다. 모호하게 느껴질 수 있겠지만 '공공연한 비밀'과 같이 분명한 사실로 이미 준비되어 있다. 무위無爲(역주: 중국 철학 사상 중 도가가 제창한 인간의 이상적 행위로, 자연법칙에 따라 행위하고 인위적인 작위를 하지 않는 것)에 대해 설명하겠다.

옛 선사들은 가벼운 농담을 즐겼다. 붓다가 가진 비밀을 마하가섭을 통해 드러나게 한 것도 그러한 방법이라고 할 수 있다.

오늘날 주로 선禪으로 불리는 최상승법을 설한 대상은 마하가섭이라는 사실을 너희들은 기억할 것이다. 그는 붓다께서 아무 말 없이 연꽃을 들었던 그 유명한 설법을 이해한 자이다. 이해하지 못할 때 비밀이 된다고 스승이 말씀하셨다. 어떻게 일어나거나 발생하는지 알 수 없을 때만 신비와 기적으로 보이지 않더냐? 일단 이해하면 마하가섭은 숨기는 게 아니라고 또 다른 스승이 덧붙였다.

따라서 사람들이 대체로 이해하지 못할 때만 비밀이 생기며, 마하가섭에게는 숨길 게 없다는 것이 붓다의 진정한 비밀이다.

그러므로 숨기지 않는 비밀이야말로 공공연한 비밀의 진정한 뜻이다.[2]

우리 대부분은 일상의 맹공에 쉽게 흔들리고 깨지는 평화에 대해서는 알고 있다. 나는 정묘한 요가 니드라 수련을 통해 어떤 환경이나 상황에도 흔들림 없이 존재하는 평온함을 발견했다. 이런 평화가 아니라면 진정한 평화가 아니다. 일이나 사회적 상황, 가정생활을 비롯한 나의 매일의 삶 속에서 오랫동안 시험해 봤기에 그것이 진정한 평화임을 안다.

내면의 평화를 실제로 시험받는 곳은 명상원에서가 아니라 매일의 생활과 관계 속에서 라는 것을 우리 모두 알고 있다. 요가 니드라는 자각, 존재, 현존, 안녕감, 평정심이라는 변함없는 평화를 내게 보여 줬고 이 평화는 육체적인 고통이나 대인관계에서의 갈등, 현실적

2) Wei Wu Wei, *Open Secret* (Hong Kong University, 1982).

일들로 인해 가장 힘든 시간을 보낼 때조차도 지속되고 실재하였다. 나는 그것을 발굴해 냈고 스스로 시험해 봤다. 이제는 이것을 당신과 나누길 진심으로 바란다.

요가 니드라의 기원

요가 니드라의 기원은 『마하바라타Mahābhārata』(역주: 기원전 약 3세기의 작품, 바라타족의 전쟁을 서술하는 고대 인도의 대서사시)와 『마르칸데야푸라나Mārkandeya Purana』(역주: 250년경의 작품으로, 푸라나는 힌두교의 산스크리트어 문학 장르이다. 마르칸데야 푸라나는 힌두교 역사의 현자인 마르칸데야에 대해 서술한 것이며 18개의 주요 푸라나이자 가장 오래된 푸라나 중 하나이다.) 시기의 요가와 탄트라(산스크리트어: tan = 사방으로 뻗은)라는 동양의 가르침으로 거슬러 올라가는데, 요가와 탄트라는 불가분의 단일한 본성을 분리하고 객관적 부분들로 나누려는 마음의 경향성을 극복하도록 이해를 확장시키는 기법들이다. 탄트라와 요가는 철학적인 주지주의나 간접 지식이 아니다. 이 가르침들은 우리가 진정 누구이고 어디에 있으며 심리학적, 문화적, 철학적 조건을 넘어선 진실이 무엇인지를 아는 직접 지식이다.[3] 많은 요가 수행자가 최근 100여 년 동안 요가 니드라 수련을 부

---

3) 여기에는 계시적인 시바수트라에서 볼 수 있는 비이원적인 가르침, 마하니르바나에 있는 탄트라, 만두카 타이티리야 우파니샤드에 있는 베단타, 요가타가발리 및 파탄잘리 요가 수트라에서 프라티아하라(산스크리트어: 감각의 타고난 기능으로의 회복)를 강조한 요가의 가르침이 포함된다, 이를 통해 마음이 그 투사물과 동일시하려는 성향을 초월하고 우리는 통합적인 존재로서의 본성을 깨닫게 된다.

홍시키고 있는데, 그중 데니스 보이스Dennis Boyes(역주: 프랑스 화가, 시인, 극작가이자 요가 교사), 스와미 시바난다Swami Sivananda(역주: 인도의 요가 구루, 하타 요가를 전세계에 설파한 시바난다 요가의 창시자) 및 그의 제자인 비하르 요가학파의 사티아난다 사라스와티Satyananda Saraswati(역주: 시바난다의 제자, 1964년 세계 최고의 요가대학인 비하르 요가학교를 설립했고 80여 권 이상의 책을 저술), 통합요가의 스와미 사치다난다Swami Satchidananda(역주: 인도의 요가 구루, 1960년대 서양에 요가전통을 소개하면서 명성을 얻음. 통합요가의 창시자), 시바난다 베단타 센터의 스와미 비슈데바난다Swami Vishnudevananda(역주: 인도의 요가 구루, 1950년대 후반 미국에서 요가를 가르치기 시작함. 서양에서는 처음으로 요가 지도자를 위한 프로그램인 국제 시바난다 요가 베단타 센터 및 아쉬람을 창립), 히말라야 연구소의 스와미 라마Swami Rama(역주: 인도의 요가 구루, 요가 과학과 철학을 위한 히말라야 연구소의 창립자)와 그의 직속 제자들인 스와미 라마 사다카그라마Swami Rama SadhakaGrama의 스와미 베다 바라티Swami Veda Bharati(역주: 인도의 요가 구루, 국제 히말라야 요가 명상 협회 및 스와미 라마 사다카 그라마의 창립자), 수트라 샤바드요가의 라다스와미 학파를 창시한 쉬리 브라마난다 사라스와티Shri Brahmananda Sarasvati, 라마무르티 S. 미슈리Ramamurti S. Mishra(역주: 인도의 요가 구루. 탄트라 수행 중 하나인 Sri Viday를 이해하는 몇 안 되는 싯다, 즉 성취한 자로 불림. 비수도자들이 일상 속에서 수행할 수 있는 명상법을 개발하여 세계적으로 확산시킴) 등의 가르침이 가장 잘 알려져 있다.[4]

---

4) 참고문헌에서 이 저자들의 저서를 살펴보라.

나는 요가 니드라라는 용어를 스와미 사치다난다의 가르침, 그리고 스와미 사티아난다 사라스와티의 다수의 저작물 중 특별히 요가 니드라라는 제목의 책을 통해 처음 접했다. 그리고 나는 수년 동안 많은 저명한 영적 스승들과 공부할 수 있는 특권을 누렸는데, 그들은 이 정교한 명상적 탐구를 심리학과 영성이라는 나의 영역을 바탕으로 정비하도록 도와주었다.[5]

요가 니드라를 통해 개인의 정체성을 규정하고 주변 세계를 분리된 객체로 구별하려는 우리가 지닌 믿음의 성질에 대해서 면밀하고 체계적으로 탐색할 수 있는 심오한 과정을 발견하였다. 예를 들어, 우리는 우리가 고체이고 분리되어 있으며 우리와 독립된 외부 세계가 존재한다고 믿는다. 그러나 이러한 믿음이 진실인지를 진지하게 검토해 본 적은 없을 것이다. 요가 니드라 수련 중 우리는 직접적인 체험을 통해 우리가 진실로 누구이고 세계는 실제로 무엇인지를 이해하게 된다. 요가 니드라는 현실에 대한 우리의 믿음과 잘못된 견해 기저에 있는 조건화의 뿌리를 탐색하고 불식시키도록 도와준다. 요가 니드라는 진정한 삶의 목적과 의미로 나아가는 데 있어 장애물을 허물어 준다. 더 나아가서는 우리가 본성으로서의 자기실현이라는 깨어난 삶을 살 수 있도록 일깨워 줄 것이다.

---

5) 특별히 로라 쿠밍스, J.Laura Cummings, J. 크리슈나무르티Krishnamurti, 조엘 크레머Joel Kramer, 다 프리 존Da Free John, 스와미 부아, B.K.SSwami Bua,B. K. S. 아엥가, T.K.VIyengar, T. K. V. 데시카차르Desikachar, 다다 가반드Dada Gavand, 니시르가닷따 마하라지Nisargadatta Maharaj, 라메쉬 발세카르Ramesh Balsekar, 라마나 마하리쉬Ramana Maharshi와 나의 영적 스승인 진 클라인Jean Klein에게 깊은 감사를 전한다.

아이레스트 명상

아이레스트(iRest)는 통합적^{Integrative} 회복^{Restoration}이라는 의미이다 (p. 11 역주 참고). 이는 고대 수행방법인 요가 니드라의 현대적인 변형으로 수년에 걸친 나의 개인적인 수련과 수많은 내담자들을 지도한 경험을 바탕으로 개발되었다. 아이레스트 명상은 요가 니드라를 건강, 치유, 깨달음과 최고의 인간 잠재성을 실현하는 강력한 수련으로 만드는 핵심 원칙들을 포괄한다.

아이레스트 명상은 스트레스, 불안, 불면, 통증 및 몸과 마음의 외상과 같은 심리적, 신체적 문제들을 다루므로 '통합'적이다. 아이레스트 명상은 당신이 완전하게 기능을 발휘하고 통합되고 전일적이고 건강한 존재로 느끼도록 도와준다. 아이레스트 명상은 또한 내재되어 있고 파괴되지 않는 기쁨, 평화, 존재, 안녕감을 되찾게 도와주므로 '회복'적이기도 하다. 아이레스트 명상 수련은 통합과 회복을 통해 당신이 어디에 있든, 누구와 있든, 무엇을 하거나 경험하든, 내적 평화, 조화, 연결성, 안녕감을 갖도록 한다.

이 책과 녹음을 이용하는 방법

나는 이 책과 수련용 MP3 녹음 파일을 통해 아이레스트 명상의 기본 단계들을 여러분과 공유할 텐데, 아이레스트 명상이 전하고자 하는 궁극적 진리뿐만 아니라 각각의 단계를 거치면서 깨달을 수 있는 이점들도 있다. 아이레스트 명상은 최소한 당신을 깊은 이완이나 만성적 스트레스의 완화, 편안한 잠으로 이끌거나 수년 동안 해결하지 못했던 곤란한 문제를 해결하도록 하고 일상생활이나 관계에서 더 큰 기쁨과 조화를 경험하도록 도움을 줄 것이다. 궁극적으로는 형언할 수 없지만 타고난 권리인, 당신의 본성, 평화를 직접 드러낼 것이다. 이 평화는 공허한 약속도, 선택된 소수를 위한 것도 아니다. 지금 이 순간 존재하고 당신이 구할 수 있는 것이다.

이런 놀라운 수련을 당신과 나눌 수 있어 매우 기쁘다. 내가 검증의 시간을 통해 확신을 얻었기에 당신 또한 그러리라고 믿는다. 그리고 아이레스트 명상이 당신의 삶에 등장한 중요한 이유가 있다고 생각한다. 내게 그랬던 것처럼 아이레스트 명상 수련이 당신의 삶에 좋은 동반자가 되길 기원한다. 어떤 상황에서든 든든한 협력자가 될 것이다.

당신이 MP3 오디오 녹음(https://www.hakjisa.co.kr/subpage.html?page=book_book_info&bidx=5812에서 들을 수 있다)을 듣기 전에 이 책 전체를 읽어 보길 권한다. 아이레스트 명상의 기본 관점과 원리를 이해하면, 녹음을 들으며 수련할 때, 몸과 마음을 이완하는 데 도움이 된다. 만일 안내서를 읽는 것을 좋아하지 않는다면 그냥 바로 수련을 시작하라. 직접 체험이 최고의 스승이다. 그러나 MP3 녹음을 이용한 이후에는 이해를 깊게 하기 위해 책을 읽어 보기를 권하며, 그렇게 함으로써 매 수련회기로부터 얻는 효과를 극대화할 수 있다. 그리고 아이레스트 명상을 처음부터 최대한 효과적으로 활용하기 위해서는 MP3 녹음을 듣기 전에 서문 마지막에 있는 '단계 설정하기'부분을 읽어 보기를 권한다.

이 책의 내용

1장은 아이레스트 명상의 관점에 대한 예비 교육이다. 책을 통해 아이레스트 명상을 접하는 것은 마치 한 번도 맛본 적 없는 설탕에 대한 설명을 읽는 것과도 같다. 참맛은 말로 표현할 수 없다. 그렇지만 이론적인 이해가 생각하는 마음을 내려놓고 경험에 좀 더 깊이 몰두하게 한다는 것을 알게 되었다. 아이레스트 명상은 철학이 아님을 강조하고 싶다. 그것은 당신이 당신 자신과 세계에 대한 살아 있는 진실을 발견하기 위해 시도하는 일련의 실험이다. 백문이 불여일견이다.

2장은 아이레스트 명상의 각 단계들에 대한 개요이며 MP3 녹음을 통해 실제 수련들을 해 볼 수 있다. MP3 녹음은 당신이 그때그때 필요에 따라 하나 혹은 그 이상의 단계들을 선택할 수 있게 되어 있다.

3장에는 아이레스트 명상에서 마지막으로 점검할 부분을 제시하였다.

3장 이후에는 당신의 아이레스트 명상 수련을 좀 더 정교하게 해줄 연습문제를 실었다.

MP3로 특정 아이레스트 명상 수련을 듣기 전에 ◇쪽~◇쪽에 있는 아이레스트 명상 연습문제의 복사본을 만들어 당신만의 구체적 감정, 믿음, 이미지 등을 적어 볼 것을 권하는데, 이렇게 하면 아이레스트 명상의 특정 소회기가 당신에게 맞춤화된 개별 수련이 될 수 있다.

아이레스트 명상 수련을 결코 기계적으로 하지 않도록 하라. 수련은 살아 있고 의미 있어야 한다. 시간이 흐름에 따라 당신의 성별,

나이, 문화적 배경, 삶의 단계 등에 맞게 수련을 조정하는 법을 터득하게 될 것이다. '스스로 해 보라.'는 격언을 기억하라.

이 책의 마지막 부분에는 심화 학습을 원할 경우, 참고할 수 있는 도서목록을 소개했는데, 아이레스트 명상 수련을 지속하는 데 도움이 될 것이다. 불필요하게 시간을 낭비할 필요가 없다. 앞서간 사람들의 경험을 활용하면 된다. 함께 하는 수련의 여정 속에서 당신과 공유할 것이 많이 있다.

MP3 녹음

MP3 오디오 녹음의 초반 연습 회기들은 일련의 소회기들로 이루어지는데, 각각의 회기는 아이레스트 명상의 단계이다. 개별회기만 들어도 되고 10단계로 이루어진 전체 녹음을 들어도 된다. 수련에 숙달하면, 당면한 문제를 다루기 위해 한 개나 두개의 소회기에만 집중할 수도 있다. 혹은 전체 수련을 즐길 수도 있다.

아이레스트 명상 수련을 단 몇 초 동안 혹은 몇 분 동안 할 수도 있고 1시간 이상 심층 수련으로 할 수도 있다. 인도의 마하트마 간디는 연설을 위해 이동할 때 기차에서 아이레스트 명상을 수련하였다. 스와미 베다 바라티는 새로운 언어를 배울 때, 밤사이 아이레스트 명상을 활용하였다.

나는 수술을 앞두고 있거나 복잡한 개인적 난제나 대인관계 문제들을 해결하려는 학생들, 내담자들을 돕기 위해 이를 활용해 왔다. 어떤 이들은 비행공포를 해결하고 외상후 스트레스 장애를 치유하거나 과거의 외상들을 해결하고 편안한 잠을 자기 위해서 아이레스트 명상을 활용하기도 한다. 어떤 이들은 나의 경우와 마찬가지로 삶의 수수께끼를 탐구하고 완전무결한 존재로서의 본성을 자각하기 위해 아이레스트 명상을 활용한다.

MP3 녹음에는 아이레스트 명상 전체 수련이 있는데, 통합회기로 당신이 몇 번이고 반복해서 들을 수 있다. 이 녹음들과 다른 녹음들 모두 다층적인 이해를 위한 것이다. 이 MP3 파일은 수년간 계속해서 반복할 수록 각 수련회기에 대한 이해나 이점이 커지도록 설계되었다. 나는 동일한 회기를 여러 해 동안 계속해서 들으면서도, "완전히 새로워요."라고 거듭 이야기하는 학생들을 수없이 봐 왔다.

단계 설정하기

MP3 녹음으로 첫 수련을 하기 전에 다음의 지침들을 읽어 보라. 그러면 경이로운 아이레스트 명상 세계의 첫 체류가 더욱 풍성한 여정이 된다.

- 수련을 위한 조용한 장소를 찾아라. 외부의 방해로부터 벗어나 '휴가on vacation'를 보낼 수 있는 장소에서 아이레스트 명상 수련을 하는 것이 중요하다. 그리고 그곳을 당신이 짧게 집중 수련할 수 있는 오아시스나 안식처라고 생각하라.
- 전화기 전원을 꺼라. 룸메이트, 배우자, 혹은 자녀들로부터 방해받지 않도록 미리 이야기하라. 당신이 신성한 아이레스트 명상 수련을 할 수 있게 도와줄 경우, 수련이 당신의 삶에 얼마나 놀라

운 유익함을 주는지 주변 사람들이 목격하게 될 것이다. 그리고 그들 또한 자신만의 아이레스트 명상을 하고 싶어 할 것이다.

- 편한 복장을 하라. 수련 시 순환을 방해하거나 불편함을 주지 않는 옷을 입도록 하라.

- 편안한 바닥에 누워라. 부드러운 러그나 매트면 더욱 좋다. 침 대는 잠재의식적으로 잠과 연결되어 있으므로 권하지 않는다. 아이레스트 명상이 잠을 모방한 것이긴 하나 수련 중에는 깨어 있어야 한다. 가능하면 잠자는 곳이 아닌 장소에서 수련하는 것 이 좋다.

- 편안한 의자에 앉거나 바닥에서 다리를 교차시켜 앉거나 일어 서거나 혹은 걸으면서 아이레스트 명상 수련을 해도 된다. 앉은 자세를 취할 경우, 척추와 등을 곧게 펴야 한다. 그리고 무릎은 골반 가장자리보다 낮게 해야 등을 바르고 편안하게 펼 수 있 다. 누운 자세를 취하든 앉은 자세를 취하든, 이마, 턱, 눈을 벽 이 아닌 바닥으로 향하도록 낮추라. 턱, 이마, 눈이 위로 향하면 생각이 끼어들고 턱, 이마, 눈이 부드럽게 아래로 향하면 생각 이 수그러든다. 아이레스트 명상 수련 동안 눈을 부드럽게 하여 생각하는 마음 대신 자신의 '마음의 눈'을 통해 응시할 수 있도 록 한다.

- 눈을 안대나 부드러운 수건으로 덮어도 좋다. 불을 꺼서 뇌를 진정시킨다.

- 누워서 수련을 할 경우, 무릎 아래에 둥글게 만 수건이나 담요 혹은 베개 등을 놓아도 된다. 무릎을 구부리면 등이 이완되어 지면이 몸을 완전히 지지할 수 있다.

- 궁극적으로 내가 바라는 것은 당신이 어느 곳에, 어떤 방에, 어떤 상황하에서 어떤 옷을 입고 있건, 아이레스트 명상을 수련할 수 있는 마음의 자유를 얻는 것이다. 아이레스트 명상에 대한 정확한 이해가 확립되면 수련을 방해할 것은 없다.

불편함, 감정, 기억 및 자연스러운 존재 상태

불편함이 생길 때

불편함을 불안해 할 필요는 없다. 당신의 몸은 게스트하우스이고 아이레스트 명상은 어떤 손님이건 초대하여 편히 차를 마시며 대화할 수 있도록 한다. 불편함이 올라오면 그것을 조절하려 하지 마라. 오히려 불편함을 메신저로 받아들여 환영하고 전하려는 메시지가 무엇인지 알아보라.

때로는 불편함이 단지 잠시 당신에게 무언가를 속삭인 후 사라지기도 하고 몸으로 나타나는 경우도 있다. 그때 당신이 어떻게 반응하는지, 혹시 당신이 경험하는 것으로부터 멀찌감치 달아나려는 경향성이 있는지를 살펴보라. 아이레스트 명상은 우리가 인생이라는 식탁에 차려지는 모든 것들을 어떻게 만나고 반기고 귀를 기울이고 반응할지에 대해 배우는 도정이다. 그렇게 함으로써 당신의 타고난 명료함, 올바른 행동, 영속되는 진정한 마음의 평화를 발견할 것이다.

감정과 기억이 일어날 때

아이레스트 명상 수련 시 감정과 기억을 떠올려 초대하여 '대화'를 하기도 한다. 당신에게는 삶의 매 순간 무엇을 해야 되는지 정확하게 아는 타고난 지혜가 있다. 당신이 기꺼이 바로 이 순간에 존재하고자 하면, 당신의 타고난 자원은 인식되고 이해되어 올바른 행동을 하게 만든다. 두려움은 미래에 속하고 후회는 과거의 것이다. 옳은 행동은 현재 속에 있다. 아이레스트 명상은 어떤 상황에도 적절히 대응할 수 있는 선천적 지혜와 능력을 당신 스스로 사용할 있도록 현재를 살아가는 방법을 드러내고 가르쳐 주는 수련이다.

본성을 향해 열어 놓기

아이레스트 명상은 당신의 몸, 마음과 전우주가 당신 안에, 즉 당신의 자각, 존재 자체, 현존에 있음을 드러낸다. 수련 시 몸의 범위를 넘어 확장되는 경험을 하게 되면 유체이탈경험으로 느껴질 수 있다. 하지만 아무리 확장된다 해도 당신은 당신 경험의 주시자로 항상 여기에 있지 않은가? 아이레스트 명상은 이 주시자, 즉 우리를 우리 자신으로 삼는 바로 이 '나' 혹은 '자아'가 누구이고 무엇인지를 탐구하게 해 준다. 아이레스트 명상의 9번째 단계에서 다룰 이 질문을 통해 우리가 가진 내면의 본성 및 그에 내재된 자각, 존재, 현존, 사랑 등과 같은 성질을 깨달을 수 있다. 본성에 대한 원초적 기억이 깨어 회복되면, 당신의 진정한 몸인 본성이 중심이나 가장자리 혹은 경계를 넘어서 편만해 있음을 인식할 수 있다. 전 우주가 당신의 몸임을 깨닫게 된다. 그러면 당신이 이미 모든 곳에 있기에 몸을 벗어난 경험이란 것도 없다.

당신은 항상 여기에 있으며 이곳이 모든 곳이다. 아이레스트 명상은 삶의 모순을 드러내고, 당신의 삶과 이 세계의 수수께끼를 풀 수 있는 열쇠를 건네줄 것이다.

아이레스트 명상의 9번째 단계에서는 모든 것이 근본적이고 형언할 수 없는, 내가 이 책에서 본성이라고 부르는 것인 통합된 정수의 표현임을 보여 준다. 그리고 본성은 무한한 이름과 형태로 나타나지만 만물에 스며들어 있고 근간이 되는 이 형언할 수 없는 본질을 드러내는, 절묘하고 탁월하면서도 기본이 되는 표현들이 있다. 바로 자각, 현존, 존재이다. 이들은 각각 고유의 맛을 갖지만 이 책에서는 정수 혹은 에센스라는 단어를 사용하겠다.

본성의 세 가지 다른 맛과 성질인 자각, 존재, 현존은 서로 구별되면서도 연속체를 이룬다. 우선 우리는 본성을 존재의 국소적, 실재적, 감각적 느낌으로 알 수 있다. 그다음 존재의 느낌은 현존의 느낌으로 바뀌는데, 이는 국지적인 부분과 전체적인 부분 모두에서, 즉 특정한 곳이 아닌 모든 곳에서 알아차릴 수 있다. 그리고 존재와 현존이 이 모두를 포함하는 자각 속에서 어떻게 생겨나는지를 인식하게 될 것이다. 이 각각의 성질은 주체로서의 주시자라는 미묘한 감각을 포함하는데, 여기에서 생각하는 마음은 이런 성질들을 대상으로 취급한다. 이는 마음의 영역 안에서 모든 것을 분리시키고 대상화하는 것과 흡사하다. '주시함' 속에서 주체자-주시자가 완전히 해체될 때, 분리된 자기에의 감각이 모두 해체되고, 비개념적 본성인 진정한 자기는 분리된 대상으로서의 나라는 개념I-as-separate을 넘어선 영역에 있고 우리는 주체-객체의 모든 이원적 개념을 넘어선다는 깨달음의 여명이 밝아 온다[산스크리트어로 gate, gate, paragate(아제아제 바라아제)의 뜻은 저 너머라는 개념마저 넘어가자는 뜻으로 해석된다]. 이 깨달음은 우리를 '모든 이해를 초월한 평화'로 인도하는데 아이레스트 명상 수련은 일생 동안 겪을 어떤 경험 속에서도, 우리가 어디에, 누구와 있든, 어떤 상황에 처하든 우리가 이러한 평화를 구현하고 안정적으로 유지할 수 있도록 해 준다.

나의 자원을 찾아보기

당신은 절대 혼자가 아니다. 아이레스트 명상 여정의 모든 길목에서 당신을 지지하고 지원할 수 있는 자원들을 찾을 수 있다. 더 많은 지원이나 공부를 원한다면, 자원 및 참조 부분의 관련 서적, 기사, 테이프, 사람, 연락 장소 등을 살펴보라. 준비가 되면, 수업, 워크숍이나 온라인 과정을 듣거나 수련회에 참여하여 자기이해와 깨어 있는 삶에 대한 관심을 공유할 사람들과 함께 수련할 수도 있다. 어느 날, 어느 시간에든 당신은 전 세계에 있는 수천 명의 사람들과 함께 수련하고 있음을 기억하라. 아이레스트 명상 수련을 할 때 당신은 항상 좋은 도반들과 함께 있다.

요가 니드라는 깨어 있는 삶의 모든 순간 안에서 깊은 이완을 타고난 지혜와 어떻게 조화시킬지 가르쳐 주는 유서 깊은 교육 과정이다. 아이레스트 명상 수련은 당신의 마음과 몸뿐만 아니라 대인관계에도 전면적인 변화를 가져올 것이다. 즉, 신체적 건강에 변화를 가져오는 것은 물론 개인적, 사회적, 직업적 관계를 재구축할 수 있는 핵심 자원이다. 아이레스트 명상은 가장 심오한, 그러나 매우 자연스러운 명상상태이다. 이것은 자발적, 직관적 지성이라는 매우 심오하면서도 가장 내밀하고 편안한 수용성의 상태에 당신을 재연결시킨다. 아이레스트 명상은 단순하게 배울 수 있고 쉽게 수련할 수 있으며 평생 동안 이용할 수 있는 도구이다.

*MP3 녹음 파일은 https://www.hakjisa.co.kr/subpage.html?page=book_book_
info&bidx=5812에서 제공받을 수 있다.
42가지 명상 녹음은 https://www.irest.org/catalog/product/42-irest-yoga-
nidra-meditations-richard-miller에서 구매할 수 있다.

MP3 녹음 파일 QR

제 1 장

아이레스트 명상의 신비한 세계

이른 아침, 잠에서 깨어난다. 당신은 화장실에 가기 위해 깼다가 이내 다시 꿈속으로 빠져든다. 당신은 이 평화롭고 몽롱한 상태가 주는 감미로움에 머물고 싶다. 그래서 모든 고민을 뒤로한 채 깨어나지도, 잠을 자지도 않는 이런 기분 좋은 평정의 상태에 남아 있으려 늑장을 부린다. 그러다가 갑자기 뜻밖의 통찰이 온다. 갑자기 모든 것이 선명해진다. 전날 잠들기 전까지는 골치 아픈 문제에 파묻혀 있었지만 이제는 무엇을 하고 어떤 조치를 취해야 되는지 안다. 아마도 누구나 이런 경험을 해 봤을 것이다. 신비하게도 잠과 깨어 있음의 중간 상태에 빠지게 되면, 통찰이 저절로 일어나고 예상치 않은 해법이 떠오르며 문제가 해결된다. 놀랍지 않은가? 얼마나 기쁜 일인가? 멋진 아이레스트 명상의 세계에 온 것을 환영한다.

왜 아이레스트 명상인가

요가 니드라는 수천 년 전부터 행해져 오던 신성한 요가 명상인데, 많은 이가 수많은 이유로 이 명상 수련을 한다. 몸과 마음의 깊은 이완을 유도하기 위해서 할 수도 있고 스트레스를 없애기 위해서, 불면을 극복하기 위해서, 개인적·대인관계적 문제들을 해결하기 위해서, 외상이나 외상후 스트레스 장애를 해결하기 위해서 또는 불안, 두려움, 분노와 우울증을 상쇄시키고 극복하기 위해서 할 수도 있다. 이 과정은 삶의 수수께끼를 해결하고 "나는 누구인가?" "왜 나는 여기 있는가?" "깨달음이란 무엇인가?" 같은 근본적인 질문에 대답하기 위한 명상적 질문을 고무시킬 뿐만 아니라 모든 명상의 경험을 더욱 깊게 하여 평생의 습관이 되게 한다.

아이레스트 명상을 하는 동안 당신은 완전히 깨어 있고 각성을 유지하면서도 깊은 수용적 이완의 상태에 들어간다. 아이레스트 명상은 당신의 타고난 지성과 내재된 명료함을 의식적 마음 위로 떠오르게 함으로써 더 높은 수준의 의식에 있는 지혜의 샘을 찾고 접근 가능하게 한다. 당신의 타고난 지성은 삶에서 마주치는 모든 주제와 문제, 질문과 수수께끼를 푸는 데 필요한 정확한 해결책을 알고 있다.

부정적인 조건화 패턴들이 분별의 지혜라는 불에 의해 타 버림에 따라 아이레스트 명상을 하는 동안 신체, 심리, 대인 관계에서 자발적인 변용이 일어나는 경우가 흔히 발생한다. 당신이 타고난 내적 지혜에 다가서면 그 불은 지혜를 매우 강력하게 정화시켜 가장 파괴적인 육체 및 심리적 조건화조차도 쉽게 연소시켜 버린다.

아이레스트 명상 수련 중 데이비드가 과거 부모님이 싸우시던 이미지, 거칠고 격앙된 목소리를 떠올리자 그의 몸이 긴장되고 가슴은 두려움으로 뛰기 시작했다. 그는 부모님이 서로를 죽일 것 같다는 공포에 사로잡혀 베개 밑에 머리를 묻은 채 자신의 침실에 있었다. 그는 외로웠고 안전하지 못하다고 느꼈다.

아이레스트 명상 수련은 데이비드로 하여금 정반대의 기억, 즉 안정되고 평화로웠던 시기의 기억을 초대하게 했다. 그는 이번에는 어린 소년으로 깨끗하고 하얀 이불에 쌓인 채 침실에 있었다. 부모님은 그를 가운데 두고 양쪽에 무릎을 꿇고 앉아 침대를 가로질러 서로의 손을 잡고 그를 위해 기도드리고 있었다. 그는 부모님의 기도를 한 음절씩 새겨들으면서 안전하고 사랑받는다고 느꼈다.

성인이 된 데이비드는 세상이 안전하지 않은 곳이라는 믿음에 갇혀 있었다. 그러나 지금 상반되는 경험들에 반복해서 주의를 기울이면서, 자신이 사랑받고 있었고 안전하며 부모님이 갈등을 겪으면서도 서로 사랑했다는 것을 깨달았다. 이 통찰은 왜곡된 진실을 완전히 바꿔 놓았다.

이제 아이레스트 명상은 데이비드가 기억을 뒤로 하고 사랑, 전일성, 안전함이라는 감정들을 누릴 수 있도록 초대한다. 초기 외상의 결과로 야련해졌지만, 아이레스트 명상은 존재의 선천적 느낌인 사랑, 전일성, 안전함이라는 세 가지의 자연스러운 경험을 데이비드에게 다시 일깨워 준다. 데이비드는 결코 가능하다고 생각하지 않았던 내면의 평온함을 아이레스트 명상을 통해 체화한다. 데이비드는 사랑, 전일성, 안전함이 분노나 두려움과 양립할 수 없음을 경험한다. 그의 본성인 존재 자체는 모든 경험을 환영하고 데이비드는 이것이 활동하고 있는 사랑임을 깨닫는다.

잠에서 깨어나기

종종 '결합'으로 잘못 번역되는 요가는 내재된 본성 혹은 순수한 존재에 대한 표현이자, 이에 대해 깨어나는 행위를 의미하는 것으로

진정한 자발성의 산실이다.[1] '니드라' 또는 '잠'은 조건화된 믿음, 잘
못된 인식, 반응패턴 등에 기반한 생각이나 행동에 우리를 동일시하
고 동요되어, 진정한 본성을 의식하지 못하는 상태를 의미한다. 따
라서 요가 니드라는 '잠'과 '깨어남'의 단어로 구성된 서로 모순되는
개념이다. 또한 '요가 수행자의 잠'을 의미하기도 하는데, 그 의미는
보통 사람들은 어떠한 의식상태에 있든, 즉 깨어 있든, 꿈을 꾸든, 깊
은 잠을 자든, 자신의 본성에 대해서는 잠들어 있는 데 반해, 요가수
행자는 어떠한 의식 상태에도, 심지어 잠을 잘 때에도 자신의 본성
을 알고 여기에 깨어 있다는 것이다.

잠자는 동안 우리는 꿈속의 자기나 꿈속의 세계를 실제라고 믿는
다. 그리고 깨어나면 꿈속의 세계는 깨어 있는 상태로 대체되면서
꿈속의 자기나 꿈속의 세계는 실체가 없음을 인식한다. 그것들은 단
지 마음의 조작물이자 투사물인 것이다.

의식이 깨어 있을 때, 우리는 세계가 고체의 분리된 대상들로 이
루어져있다고 지각한다. 깨어 있는 시간 동안의 사고나 우리를 둘러
싼 사물들을 실제라고 믿는다. 그러나 꿈속의 자기와 꿈속의 세계가
실체가 없는 것처럼, 깨어 있는 상태의 생각과 사물들 역시 실은 마
음의 조작물이고 투사물은 아닐까? 아이레스트 명상은 이 사실을 탐
색하고 밝혀 가는 과정이다.

대개 우리는 이러한 믿음의 타당성에 대해서 의문을 가지지 않는

---

[1] 파탄잘리의 요가 수트라에서는 우리가 의식하든, 의식하지 않든 본성은 "순수한 존재" 혹은
"고요함"임을 설명하기 위해 '니로다'라는 용어를 사용한다. "요가 치타 브르티 니로다Yogah
Citta Vṛtti Nirodhah(의식의 움직임 여부와 상관없이 우리의 본성이 언제나 존재하는 고요함 또
는 순수한 존재임을 깨달을 때, 요가가 일어난다)." (요가 수트라, 1장 2절. 저자의 해석)

다. 그러나 의문을 가져야 할 이유가 충분하다. 아이레스트 명상은 모든 꿈과 깨어 있는 시간의 현상들, 즉 사고, 감정, 감각, 이미지, 기억과 우리를 둘러싼 세계가 끊임없이 생성되었다가 소멸됨을 드러내 준다. 우리의 몸과 마음, 세계와 관련된 모든 것은 이것에서 저것으로 끊임없이 바뀌고 변환된다. 소용돌이치며 변하는 감각, 정서, 사고, 이미지들 말이다.

삶은 끊임없이 변하기 때문에 삶의 안정성과 일관성에 집착한다면 우리는 불만족을 느끼고 고통받게 된다. 우리는 이 불안정성의 바다에서 안정적이고 지속적으로 매달릴 무언가를 끊임없이 추구하고 있다. 아이레스트 명상을 통해 우리 각자의 내적 구조는 변함없고 흔들리지 않으며 한결같이 깊은 평정심과 평화임이 드러나는데, 이를 깨닫는다면 삶의 격동의 한가운데에서도 언제나 깊은 평정심과 평화를 인식할 수 있다. 이것이 아이레스트 명상이 이야기하는 당신의 근원적 본성, 가장 내밀한 '본질로서의 나I-ness'이자 당신이 발견하고 실현할 수 있는 깊은 평화로 의심의 여지없이 늘 존재한다.

아이레스트 명상은 당신이 '나' 또는 자기의 근본적인 본성을 탐구하면서 만물이 변한다는 사실을 깨달을 수 있도록 가르침을 준다. 우리가 변화무쌍한 삶을 주시하는 '나'가 누구이며 무엇이고 어디에 있는지 자문할 때, 이 '나'라고 여기던 것 역시 단단한 고체가 아님을 발견하게 된다. 그러나 역설적이게도 아이레스트 명상은 동시에 또 다른, 더욱 깊은 자기라는 감각이 있으며 이는 다른 모든 것과는 다르게 변함없음을 인식하게 한다. 아이레스트 명상은 당신의 참자아 또는 진실한 '본질로서의 나'를 깨닫게 해 주는데, 이는 무한하고 완전무결하며, 광활한 현존이자 자각으로, 깨어 있든 잠들어 있든, 그 안에서 모든 것이 일어나고 펼쳐지고 해체된다. 아이레스트 명상을 통해서 당신은 순수한 존재, 순수한 자각으로서의 참자아에 대한 진실을 탐험하고 발견할 수 있다.

나는 아이레스트 명상 수련을 하며 바닥에 누워 있는데, 위축되고 슬프며 외로움을 느꼈다. 조심스럽게 자문해 보았다. "이런 감정들을 경험하는 '나'는 누구인가? 여기에서 이 감정과 이 감정을 느끼는 '나'가 별개인 것일까?" 갑자기 지각의 내적 전환이 일어났다. 직전까지 나는 이 느낌들 '안'에 있었지만, 지금은 이 느낌들이 내 속에 있었다. 나는 나 자신을 이 느낌들이 일어나는 광활한 자각으로 경험했다.

내가 나를 슬픔이자 광활한 자각으로 느끼며 누워있을 때, 느낌들은 오고 가지만, 자각은 삶 속에서 늘 현존해 왔음을 깨달았다. '나'는 자각임을 깨닫자, 전경과 배경이 갑자기 뒤바뀌었다. 자각으로서의 '나'는 위축되지도, 슬프지도 않다. '나'를 더 이상 이 육체나 흘러가는 감정에 국한된 것으로 느끼지 않는다. '나'는 이 육체가 살고 있는 공간이었다.

갑자기 나는 간과하고 있었던 미묘한 진실과 행동의 방향성을 감지했다. 분명하고 올바르다고 여기는 행동에 대해 숙고하자 슬픔과 위축감은 사라졌다.

그러나 행동하기 전에, 순수한 존재로서, 진정한 '나' 혹은 '자아'로, 좀 더 누워 있고 싶었다. 모든 창의성이 이 근원으로부터 솟아남을 깨달았다. 이것은 모두가 찾고 있는 '젊음의 샘'이자 보고인데, 지금 여기에 있고 늘 여기에 있었던 것이다. 얼마나 놀라운가! 믿기지 않을 만큼 단순하지 않은가! 여기, 이 안에 공공연한 비밀이 숨어 있다!

마침내 깨어나기

진정으로 깨어 있게 되면 우리는 더 이상 생각, 믿음, 감정, 감각, 이미지, 행동 또는 변하는 상황들에 의해 흔들리지도, 그것들과 우리를 동일시하지도 않게 된다. 깨어 있거나 잠들거나 심지어 깊은 잠에 빠져 있는 모든 순간에도 근원적 본성은 현존하므로 어떠한 상황에서든 본성에 항상 깨어 있게 된다.

아이레스트 명상은 흔들리지 않는 평화, 평정심, 열정적인 사랑, 분별력 있는 지혜와 진정한 자발적 행동과 같은 뚜렷한 맛으로 진정한 본성을 드러낸다.

우리가 본성을 따를 때, 자신의 진정한 인간성을 구현하여 푸루샤(purusa: 본성 속에 사는 자), 진정한 존재가 될 수 있다. 그 속에서 우리의 행동, 사고, 행위는 삶이나 우리 주변의 타인, 설사 자신의 본성에 깨어 있지 못한 이들일지라도 우리는 그들을 푸루샤로 인식하면서 조화를 이루게 된다.

아이레스트 명상은 깨어 있거나 잠든 상태 그 너머의 세계로 안내한다

꿈을 꾸지 않는 깊은 잠을 자는 동안 우리는 깨어 있는 상태에서 경험하는 스트레스, 긴장, 갈등을 자각하지 않는다. 사실 우리에게 몸이나 마음이 있는지에 대해서도 아예 알지 못한다. 꿈 없는 잠 상태에서 몸, 마음과의 전적인 탈동일시가 일어나지만 우리는 여전히 존재하고 있고, 몸과 마음이 깨어나면 우리는 꿈 없이 깊이 잠들었다는 것을 의식한다.

우리는 꿈 없는 잠을 자는 동안, 깊은 만족감과 평정심을 경험하고 깨어났을 때 휴식하고 이완했다고 느끼면서 깊고 편안한 잠을 잤다고 감탄한다. 꿈 없는 잠 속에서 우리는 스트레스와 갈등을 넘어서서 이와 전적으로 탈동일시하는, 내재된 본성의 자연스러운 상태에 머무른다. 이것이 바로 깨어났을 때 휴식했다는 느낌이 드는 이유이다. 아이레스트 명상 수련은 의식이 깨어 있을 때도, 심지어 일상적인 삶을 유지할 때도 어떻게 의식적으로 본성의 자연스러운 상태, 즉 깨어지지 않고 변하지 않는 평정심과 안녕감 속에서 살아갈 수 있는지 방법을 알려 준다. 본성에 머물고 있으면, 불안, 긴장, 갈등 속에서도 깊은 평화, 기쁨, 평온함을 지닐 수 있다. 아이레스트 명상은 가장 어렵고 도전받는 상황에 처할 때에도 올바르게 이해하고 행동할 수 있는 길을 알려 준다. 당신이 내면의 명료한 빛을 인식할 수 있도록 민감성을 높여 준다. 이 빛은 본성의 현현으로 존재하면서 당신이 가장 어렵고 도전받는 상황에 처할 때에도 올바르게 이해하고 행동할 수 있는 길을 알려 준다.

올바른 행동

아이레스트 명상은 불만족이나 고통에서 자유로운, 진정으로 만족스러운 삶을 살아가는 데 방해가 되는 당신의 부정적인 핵심신념이나 습관패턴을 어떻게 인식하고 탈동일시할 수 있는지를 가르쳐 준다. 불만족과 고통(산스크리트어: 두카duhkha)은 주어진 삶 이상으로 기대하고 결과들에 집착하는 마음으로부터 일어난다. 삶을 있는 그대로 수용하면 불만족과 고통이 멈추고 우리 마음이 갈망하는 방식이 아니라 그 나름의 조건하에서 현실을 다루는 방법을 배울 수 있다.

우리가 삶을 수용하면, 모든 상황에는 그에 완벽히 맞는 올바른 행동이 있음을 알게 되고 그런 행동은 우리에게 매 순간 완벽한 경험을 선사한다. 이러한 깨달음이 처음에는 생각하는 마음에 당황스럽게 느껴질 수 있다. 그러나 매 순간을 진심으로 수용하고 매 순간에 걸맞는 올바른 행동을 구현하면, 모든 순간이 얼마나 완벽하게 조화를 이루는지 놀라움, 기쁨, 경이로움을 경험할 것이다.

우리의 믿음, 가정, 기대, 오해가 해체되면, 우리는 점점 더 진정성 안에 머물고 이를 통해 진정한 생명의 근원인 순수한 자각과 순수한 존재로서 본성을 엿볼 수 있는 문이 열린다.

아이레스트 명상은 우리가 한정되고 유한하다는 기존의 생각이 잘못이었음을 깨닫게 해 준다. 오히려 우리는 극한의 어려움의 가운데서도 무한하고 기쁘며 사랑에 차 있고 친절하고 자비로우며 언제나 현존하는 광대무변임을 알게 된다.

우리 자신의 광대무변함 속에서 살아갈 때, 인정이란 외부의 권위가 아닌, 우리 본성으로부터 직접 온다는 것을 알게 된다. 본성에서 자연스럽게 일어나며 어떤 내외적 사건에 동요되거나 방해받지 않고 다른 사람들의 의견에 흔들리지 않게 하는 내적 안정성의 방향계와 컴퍼스를 회복한다.

아이레스트 명상은 이것이나 저것을 믿으라 혹은 믿지 말라고 하지 않는다. 오히려 그동안 우리가 진실이라고 가정해 왔던 것들을, 일련의 실험 혹은 자기탐구를 통해 면밀히 살펴볼 수 있게 함으로써 진실의 속성이나 세계, 우리 자신에 대해 들어서 알고 있는 것들을 버리고 직접적인 이해에 이르게 한다. 따라서 아이레스트 명상은 철학이 아니며 간접적으로 얻은 정보가 아닌, 직접적인 앎에 따라 살아가는 방식이다. 그것은 조건화된 믿음, 오해, 불안, 두려움으로부터 평정심, 안정됨, 사랑으로 치유되어 가는 과정이다. 아이레스트 명상에 대한 메리의 경험을 소개하겠다.

　요란한 소리를 내는 비행기에 앉아 있는 상상을 하는 중에 천둥 같은 두려움이 몰려들었다. 나는 몸이 식은땀으로 푹 젖고 심장은 쿵쾅거리며 겁에 질려 있었다. 비행기가 이륙하면서 발생하는 모든 요동과 소리들이 나에게 무언가 잘못되었고 비행기가 추락할 것 같다는 두려움을 부추겼다. 나는 공포로 몸을 떨면서 누워 있었다.

　그러다가 반대되는 경험을 찾을 때, 어머니가 팔에 나를 안고 가볍게 어르던 기억을 떠올렸다. 직전의 두려움 대신 고요함과 평화가 내 몸을 채웠다. 그리고 두려움과 고요함의 상반된 두 가지 경험을 동시에 떠올리다가 나는 갑자기 두 가지 모두로부터 자유로워짐을 느꼈다. 대신 나 자신을 광활하고 열린 평정심으로 느끼면서 두려움과 평화의 감정 모두로부터 초월했다.

　이전에는 전혀 상상하지 못했던 방식으로 뜻밖의 해방과 자유를 맛보았다. 아이레스트 명상은 분리의 느낌을 넘어서게 하고 나 스스로에 대해 편안함을 느끼면서 우주와 조화를 이루는 경지로 나를 안내했다.

　나의 비행 공포증은 어떻게 되었을까? 최근 동부로 가는 비행기를 탔을 때, 공포를 전혀 느끼지 않았다. 비행기가 두렵기보다 나의 연장선으로 느껴졌다. 내 존재는 확장되어 비행기나 내 주변의 모든 공간들까지 포괄했다. 몇 번의 요동치는 느낌이 약간의 긴장을 야기하긴 했으나 이전처럼 두려움이 고조되지는 않았다. 비행기 안에서 편안함을 느끼는 것이 얼마나 놀랍고 다행스러운지! 감사하는 마음이었다. 아이레스트 명상은 끔찍한 두려움으로부터 나를 구하고 상상하지 못했던, 내 안에 있던 자유에 대한 새로운 감각과 우주와의 조화감을 선사해 주었다.

모든 사물은 압축된 공간이다

우리는 물리적인 세계가 진짜이고 단단한 고체라고 믿도록 배웠다. 그러나 정말 그럴까? 마음은 그렇다고 한다. 가족이나 문화적 신념도 그렇다고 한다. 그러나 어떤 대상의 고체성에 대해 실제 살펴보게 되면 거대한 공간만을 발견할 뿐이다. 고체성은 분자들로 바뀐다. 분자는 원자로, 원자는 전자로, 전자는 쿼트로, 쿼트는 에너지로, 에너지는 빈 공간으로 바뀐다. 엄밀히 조사해 보면, 바로 전 여기 있었던 고체성은 해체되어 있다. 우리는 물질이 사실 고체성이 없는, 단지 압축된 공간임을 알게 된다.

우리는 관찰하는 것과 분리되어 있는가? 마음은 그렇다고 한다. 하지만 우리가 무언가를 관찰할 때, 우리와 관찰하는 것이 분리되어 있지 않기 때문에 관찰되는 대상에 영향을 미친다.[2]

분리에 대한 우리의 믿음은 진정한 탐구의 빛 아래에서 결국 해체되는 환영일 뿐이다.

에고로서의 '나'는 덧붙인 생각이다

에고로서의 '나'라는 감각$^{ego-I}$은 분리되어 있고 구별되는 독립체라
고 우리는 믿고 있다. 그러나 이 에고로서의 '나'가 있는 곳을 찾아보
면, 위치도 견고함도 찾지 못한다. 우리는 에고로서의 '나'가 실제로
는 독립된 의지나 주체적인 관점이라기보다 덧붙인 생각임을 알게
된다. 의도는 남아 있지만, 진정한 '본질로서의 나'는 그 속에서 모든
것이 일어나는 광활한 존재로부터 분리되어 있지 않음을 알게 된다.
나, 너, 그리고 모든 '사물'은 실제로 분리되어 있거나 둘이 아니다.[3]
본성을 깨달은 한 친구가 이에 대한 경험을 다음과 같이 설명하였다.

'예전의 삶'과 무관하게, 나는 누군가가 되기를 유예한 채, 늘 새롭게
살고 있다. 매일매일이 늘 아름답고 놀랍다. 경청을 제외하고는 특별
한 훈련이 필요 없는데 환원적이거나 긍정적이 되는 것과는 완전히 다
른 것이다. 경청은 마음을 멈추게 하여 진실로 이용할 수 있게 한다. 나

---

2) 양자역학의 창시자 베르너 하이젠베르크$^{Werner\ Heisenberg}$는 1927년 그의 불확실성 논문에서
"물체의 위치를 정확히 알수록 물체의 운동량은 덜 정확해지고 그 역도 성립한다"고 했다.
그는 요가 니드라가 수세기 동안 확인해 온 것(즉, 우리가 관찰하는 것과 관찰자로서 우리
는 분리되지 않았다)을 밝혀냈다. 관찰자와 대상은 실제로 둘이 아닌 하나이다. 고체로 보
이는 우주는 사실 빈 공간이다.
3) 더 자세한 내용을 알고 싶으면 마이클 가자니가$^{Michael\ Gazzaniga}$의 『마음의 과거(The Mind's
Past, University of California Press, 1998)』를 참고하라.

는 압도되어 그 앞에 무릎을 꿇지만 위축된다는 느낌을 전혀 느끼지는 않는다. 이 모든 것이 투쟁없이, 어떠한 것을 포기하지도 않고 일어난다는 것이 놀라울 뿐이다.

이를 깨달은 순간부터 내가 뭔가를 느낄 때. 진 클라인이 '부재자의 부재absence of the absence'라고 표현한, 완전한 역설이 지속되어 왔다.

어느 늦은 저녁, 나는 익명성을 즐기면서 식료품점에 있었다. 갑자기 육체적인 것을 초월한 안녕감이 찾아오면서 몸이 압도적으로 투명해지는 것을 느꼈는데, 그 투명함 속에서 육체가 완전히 사라졌다.

나는 웃음을 터뜨렸다. 내가 다른 사람들에게 정말로 보이지 않았다 해도 놀라지 않았을 것이다. 그 누구도 아니라는 것은 멋진 일이다. 이것이 진정으로 무엇을 의미하는지 모두가 알 수 있다면……. 형언하기 어렵고 저절로 일어나는 것으로 당신이 할 것은 아무것도 없다.[4]

물질은 실제로는 빈 공간이고 우리는 우리 주변의 대상들로부터 분리되어 있지 않으며, '나'란 실체가 없는 허구적 독립체 혹은 기능이라는 것을 증명하기는 쉽다. 그러나 체화할 방법을 찾지 못한다면, 이러한 이해는 우리의 삶에 실질적인 영향을 미치지 못한 채 지적 진술로만 남을 뿐이다.

이런 놀라운 발견을 한 과학자들은 밤이 되면 가족에게로 돌아가서 마치 하찮은 것을 발견한 것처럼 행동한다. '나'는 존재하지 않으며 모든 것의 근원인 본성은 비어 있고 광활한 존재이자 자각이라는

---

4) 저자가 앨리시아 히그램Alicia Higham과 사적인 서신을 주고 받은 내용으로 그녀의 허락을 받고 사용하였다.

사실을 지적인 수준에서만 알기에 우리의 삶은 변하지 않는다. 영성 훈련에 대한 논의는 수천 년 동안 이어져 왔다. 우리가 추구해야 할 것은 우리의 일상에 깊이 영향을 미치고 우리의 부정적인 믿음과 파괴적인 습관을 의미 있게 변화시켜 줄 직접적인 경험이다.

직접적인 앎

아이레스트 명상은 지적 통찰이 아닌 진정한, 경험적, 직접적 이해가 우선되어야 함을 강조한다. 사실을 개념적으로 이해하는 것은 별개이다. 아이레스트 명상은 그것을 실제적이고 체화되며 살아 있는 경험으로 이해하라고 손짓한다. 체화된 지혜 속에서 살아갈 때, 당신은 불안, 두려움, 의심으로부터 해방되고 평정심, 변하지 않고 흔들리지 않는 안정성이라는 내면의 방향계를 지니게 된다.

아이레스트 명상 수련 시, 단순하고 직접적 지시를 따라가면서 우리는 몸, 마음, 감각이나 우리를 둘러싼 세계의 모든 변화와 움직임을 직면한다.

우리는 '나는 다른 모든 것들과 구별되는 별개의 독립체'라고 믿는다. 그러나 아이레스트 명상 동안 "이것이 진실일까? 이것을 진실로 받아들인다면 인생은 어떤가? 이것이 진실이 아니라고 생각하면 어떻게 되는가?"를 자문한다.

우리는 육체이므로 육체가 죽을 때 우리도 죽는다고 믿는다. 자문해 보라. "이것이 진실인가? 과연 나는 이 몸인가, 아니면 이 몸이 나의 자각 속에 존재하는가?" 만일 그렇다면, "자각으로서의 나는 누구인가?" 불안이나 두려움이 엄습할 때, 우리는 자문한다. "'내'가 두려워하는가, 아니면 두려움이 내 안에서 일어나는가?" 질문을 던진다. "두려움, 불안, 우울이 일어나는, 이 자각은 누구 혹은 무엇인가?" 부정적인 생각에 사로잡힐 때 자문한다. "이 생각이 '내' 안의 움직임이라면, 이 생각이 펼쳐지는 이것은 누구이고 무엇이며 어디인가? 과연 나는 누구인가?"

이 질문에 진정으로 답하고 흔들리지 않는 평정심, 조건 없는 존재의 현존과 자각을 발견하기 위해서는 타인의 증언으로 얻은 간접 믿음은 버려야 한다. 아이레스트 명상은 당신이 누구이며 우주가 실제로 어떻게 작용하는지 단순하지만 특별한 방식으로 직접 알게 해준다. 그래야 비로소 '해야 한다'는 압박과 타인들의 의견으로부터 벗어나 진정한 당신 스스로의 권위를 가지고 스스로를 비추는 빛이 될 수 있다.

주시하기

어떻게 해야만 한다는 믿음으로 무언가를 바꾸기 위해 고군분투할 때, 우리는 스트레스, 긴장, 갈등을 삶에 불러들인다. 우리의 내적, 외적 세계를 바꾸기 위한 끊임없는 노력은 갈등으로부터 비롯된 조치로서 구분 짓게 만든다. 이 투쟁은 본질적으로 해결이 불가능하므로 우리는 만성적인 긴장과 소진, 혼란과 스트레스 속에 놓이게 된다.

모순되게도 상황을 있는 그대로 받아들일 때만 우리는 새로운 방식으로 존재하고 반응할 수 있게 된다.

수용이란 체념을 의미하지 않는다. 체념이란 진정한 수용에 여전히 방어적인 태도를 취하는 것이기 때문이다.

아이레스트 명상은 당신 삶에서 불변하는 내적, 외적 현상들을 어떻게 자각하고 경험할 수 있는지 가르침을 준다. 아이레스트 명상은 어떠한 것도 바꿀 것을 요구하지 않는다. 무언가를 있는 그대로가 아닌 다른 것으로 바꾸려 하는, 당신의 습관적인 경향성을 바라보라고만 한다. 아이레스트 명상을 통해 진정으로 주시하기가 계발되면, 사물을 있는 그대로 봄으로써 명료한 통찰과 올바른 행동이 자연스럽고 자발적으로 일어난다. 주시하기, 통찰 및 올바른 행동은 사랑과 자비 및 그 외 내재된 본성의 모든 근원적 성질들과 동의어이다. 아이레스트 명상을 통해 드러나는 주시하는 자각은 당신이 문제의 모든 면들을 분별력 있는 지혜와 사랑으로 볼 수 있게 한다. 사랑과 분별력 있는 지혜를 통해서만 각각의 상황을 이해하고 그에 맞는 고유한 행동을 할 수 있다.

물러나지 말고 탈동일시하라

아이레스트 명상은 당신에게 정신을 산란하게 하는 감각적 인상과 습관적 패턴으로부터 탈동일시(산스크리트어: 프라티아하라 pratyahara, 감각과 마음의 자연스러운 기능의 회복)하는 법을 알려 준다. 그리고 이는 당신이 올바른 행동을 인식하고 존재 본연의 광활한 투명성에 머무르도록 한다.

세상으로부터 동떨어진 명상을 표현하고자 등껍질 안으로 목을

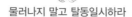

감추고 있는 거북이의 이미지를 이용하기도 한다. 그러나 아이레스트 명상은 세상으로부터 철수하는 것을 의미하지 않는다. 당신은 세상 속에서 살아가면서도 스트레스 상황을 어떻게 자연스럽게 내려놓고 해결할 수 있는지에 대한 타고난 지식을 가지고 있다. 아이레스트 명상은 어떠한 상황에 처하든 분명하게 이해하고 대응할 수 있는 당신의 타고난 소질을 회복하도록 도와준다.

째깍째깍 시계소리가 크게 울리는 방에 있을 때 당신은 그 방에서 나올 필요도, 째깍거리는 소리를 차단할 필요도 없다. 저항하지 않고 들리는 소리에 마음을 연다면, 그 소리를 없애려 하거나 그 소리와 다투지 않는다면, 당신의 마음은 자연스럽게 그 소리를 초월하며 탈동일시할 수 있다. 그럴 경우 소리가 지속되어도 마음이 더 이상 방해받거나 산란해지지 않는다. 이런 방식으로 스트레스 상황이나 힘든 감정, 생각, 감각들에 대해 대응하는 법을 배운다.

아이레스트 명상 수련 동안 삶과 의식 속에 떠오르는 모든 움직임에 대해 저항하거나 그로부터 물러나기보다 그것을 받아들이고 환영하는 법을 배운다. 그러면 자연스럽게 내려놓게 되면서 정확한 이해와 올바른 행동에의 길을 찾게 된다. 등껍질 안으로 목을 움츠린 거북이처럼 사는 요가 수행자가 될 필요는 없다. 아이레스트 명상은 삶의 매 순간의 경험에 열려 있는 요가 수행자가 되는 법을 가르쳐 준다. 삶을 완전히 경험하려는 의지는 역설적으로, 끊임없이 변화하는 삶 속에서 개별적 경험들을 초월하여 당신의 본성에 따라 살 수 있게 해 준다.

자각의 법칙

아이레스트 명상에 내재된 힘은 자각의 법칙을 기반으로 한다. 당신이 무엇을 붙잡으려 하건 당신은 그것을 초월한다. 감각적 인상과 습관적인 패턴은 당신이 그에 저항하거나 사로잡히지 않으면, 호수 표면 위로 올라오는 거품처럼 부풀었다가 터지고 해체되어 사라진다. 감각, 사고, 감정의 모든 움직임은 당신의 자각의 표층 위에서는 크기가 확장된다. 그것들이 확장되면 일시적으로는 문제처럼 보인다. 그러나 그것들은 단지 표층을 찾고 있을 뿐이다. 당신이 저항하지 않는다면 자각의 광활함 속에서 해체된다. 자각 속에서 무엇이든 있는 그대로 놓아 두면, 해결되고 용해되어 사라진다. 이 진리는 당신의 모든 경험에 해당된다.

샤론은 불면증을 겪고 있었는데, 친구로부터 아이레스트 명상이 도움이 될 수 있다는 이야기를 들었다. 그 전까지는 어떤 것도 도움이 되지 못했다. 첫 회기 때 샤론은 몸의 감각 및 에너지의 촉각적 흐름으로부터 느끼는 즐거움을 알게 되고 긴장이 확연히 해소되는 것을 경험했다. 아이레스트 명상의 두 번째 회기 때 샤론은 밤에 잠들지 못하는 데 대한 두려움에 맞서기보다 환영하는 법을 배웠다.

그녀가 수면에 대한 두려움을 편안한 마음으로 초대했을 때, 불현듯 자신이 잠에 빠져드는 것을 두려워함을 깨달았다. 샤론의 친한 친구가 작년에 잠을 자던 중 갑자기 사망하는 일이 있었다. 샤론은 비슷한 일이 자신에게 일어날지도 모른다는 두려움을 자신도 모르는 사이에 갖게 된 것이었다. 샤론이 죽음에 대한 두려움을 받아들이자 그녀의 걱정은 잠이 아니라 사랑하는 친구를 잃은 슬픔이라는 사실을 알게 되었고 안도감을 느낄수 있었다.

이어진 네 번의 아이레스트 명상 회기 동안 샤론은 자신의 슬픔을 받아들이고, 곧 슬픔이 친구에게 느끼는 깊은 사랑임을 깨달았다. 그녀는 삶의 소중함을 받아들이고 자신의 삶에 깊숙이 들어가기 위해서 필요하나 그동안 미뤄 왔던 행동들을 시도해 보았다. 그러자 예상치 못한 놀라운 일이 일어났다. 두려움을 초대하자 샤론은 사랑과 조화로움을 느낄 수 있는 행동들을 하게 되고 숙면을 취하게 되었다.

분리라는 신화

우리는 자각하는 대상이 우리로부터 분리되어 있다고 오해한다. 소리를 듣거나 사람들과 인사할 때, 소리나 사람들이 우리의 '밖'에 있다고 믿지만 실은 감각적 인상으로 우리의 '안', 즉 우리의 자각 안에 있다. 감각적 인상은 그것을 지각하는 마음과 분리된 것이 아니기에 우리 또한 지각하는 것과 분리되어 있지 않다. 분리란 내부와 외부 세계의 이원성을 질서 있게 유지하기 위해 우리의 감각과 마음이 형성한 정신적인 투사물이다.

직접 경험하라

• 읽기를 멈추고 몇 분간 주변 소리에 귀를 기울여 보라. 처음에

는 귀를 기울이면서 당신이 특정한 방향에서 일어나는 특정한 소리에 주의를 두고 있음을 알아차리라.

- 조금 뒤, 모든 방향에서 나는 모든 소리에 동시에 귀를 기울이라. 이 전체 소리에 마음이 아닌, 온몸이 어떻게 참여하는지 느껴 보라.

- 잠시 후, 소리에 주의를 두지 말고, 자신을 모든 소리가 일어나는 자각으로 느껴 보라. 생각하는 마음이 느려지는 걸 느껴 보라. 당신이 인식하고 자각하는 상태에 들어가면 생각하는 마음이 멈출 수도 있다.

- 소리가 왔다가 사라지더라도 자각으로 머무르라.

- 눈과 보는 행위로 동일한 연습을 해 보라.

지각하는 순간에는 생각이 없고 자신이 지각자라는 생각도 없다. 에고로서의 나는 지각이 일어나고 3~5 밀리초(1,000분의 1초) 후에 따라오는 덧붙여진 생각이다.[5] 에고로서의 '나'의 마음은 사실 과거에 일어난 것을 도용하여 "나는 이렇게 지각하고 있다."라고 말하는 것이다.

그렇게 함으로써 마음은 생각이라는 행위 속에서 지각하는 행위를 분명한 두 가지(지각되는 대상과 지각하는 주체)로 나눈다.[6] 그러나 지각하는 순간, 에고로서의 '나'는 실제로 없으며 다차원적인 지각만 있을 뿐이라는 사실은 변하지 않는다.

---

5) Gazzaniga, 『The Mind's Past』, 71.
6) Patanjali, 『Yoga Sutras』, 2, 17.

이러한 이해를 통해 이제 결론을 내려 보자. 존재와 자각이라는 본성과 분리되지 않은 채 지각 속에 머물 경우, 존재, 자각, 지각행위, 지각이 지속되더라도 분리란 존재하지 않는다. 지각하는 매 순간에 있는 모든 '대상'이 지각행위 속에서 전개되고 지각행위는 존재 안에서 전개된다. 당신이 이런 깨달음을 체화하면 비록 생각은 지속될지라도 생각과의 동일시가 중단되고 에고로서의 나는 해체되며 지각은 존재를, 존재는 자각을 드러낸다.

우리는 경험을 억압할 수는 있지만 결코 없앨 수는 없다. 모든 것은 탄생, 성장, 안정, 쇠퇴, 죽음의 고유한 주기 속에서 변해 간다. 당신이 통제하려 해도 이 자연의 주기를 바꿀 수 없고 고통만을 일으킬 뿐이다. 모든 것에는 나름의 방식이 있다. 그렇지 않은가? 최선의 방법은 모든 것을 그 자체로 허용하는 것이다. 그런 다음 귀 기울여들으면, 통찰이 오고 올바른 행동이 자연스럽게 따라온다.

당신이 있는 그대로를 받아들이고 환영할 때, 고군분투하던 마음은 멈추고, 갈등이 그치며, 불안한 마음이 가라앉고, 완전무결한 존재와 자각으로서의 내재된 본질이 저절로 빛을 발한다. 당신이 존재하는 자각으로서 살아갈 때, 아무것도 부족하지 않음을 알게 된다. 당신의 본성은 완전하고 평정심 속에 있다. '행복해지기 위해' 더 이상 해야 할 것도 취할 것도 없다. 그렇게 되면 당신은 부족함 때문이 아니라 전일성을 위해 행동한다. 당신은 무엇이 되려고 행동하는 것이 아니라, 그것을 하는 것이 자연스럽고 옳기 때문에 행동한다.

환영하기

거부는 갈등을 일으킨다. 당신이 거부하는 것은 무의식 속에 억압되고 무의식 속에 있는 것들은 모두 외부세계로 투사된다. 만일 당신이 분노를 거부하면 당신은 그 분노를 세상으로 투사한다. 타인을 판단하는 것은 당신 스스로의 행동을 판단하기 때문이다. '자기'에 대한 판단을 멈추면 '타인'에 대한 판단도 멈춘다.

이러한 이해를 체화하면 강력한 변용이 일어난다. 바꾸려는 시도를 멈추고 자각하는 법을 배울 때 마법이 일어난다. 자각은 불과 같다. 불이 정화하듯 자각도 정화한다. 불은 판단하지 않는다. 단순히 그 존재 안에 있는 불순물들을 모두 태워 버린다. 아이레스트 명상 수련 동안 우리는 휴식하면서 자각의 불로 머무는 것을 배운다. 이것은 모든 것을 초대하는 행위인데, 이러한 행위는 바꾸려는 시도가 늘 실패했다는 통찰을 기반으로 한다. 우리가 자각 속에 그리고 자각의 불로서 머물면 달라지려는 시도를 멈추고 목적이나 의도 없이 미지의 것들에 열린 마음을 가지게 된다.

우리 자신이나 삶을 있는 그대로 받아들이지 않을 때 자기증오에 빠진다. 수용하지 않는 것은 자기혐오의 한 형태이다. 우리의 경험을 있는 그대로가 아닌 다른 것이기를 바랄 때, 현실과 다투게 된다. 그리고 현실이 늘 이긴다. 역설적이게도 환영하는 행위가 자발적인 변용을 가져온다.

'~해야 된다'는 믿음에서 오는, 세상과 우리를 바꾸려는 시도를 우리가 멈출 때, 통찰과 올바른 행동이 자각의 표층으로 떠오른다.

그러면 당신은 환영하기가 가져다주는 기쁨과 자유 때문에 환영하는 행위 속에서 살 것이다.

데이비드는 여러 번의 아이레스트 명상 회기들을 통해 끊임없이 자신의 몸과 마음을 스쳐 가는 감각, 감정, 생각을 환영하는 법을 배우고 있다. 데이비드는 감각, 감정, 생각들의 움직임에 더 이상 주의를 빼앗기지 않은 채 자유롭게 주의를 전환하고 환영할 수 있다.

격려의 말 몇 마디로도 그는 환영하는 자와 환영하는 행위 간의 차이를 구별하기 시작했다. 여기에서 분리된 에고로서의 나라는 감각은 해체되고 그는 환영하기로서 스스로를 표현하는 존재라고 자신을 느꼈다.

데이비드가 나중에 설명하기를 이 회기 동안 모든 분리의 감각들이 "녹아 없어지고 저는 기쁨으로 편안한 대양 속에 빠져든 것 같았는데, 이는 완전히 색다른 경험이었어요. 내 자신의 빛 속에 있는 듯했어요. 내 몸은 무경계의 감각 속에서 무장해제된 느낌이었어요. 엄청난 생생함을 느꼈는데, 육체가 내 안에 살아 있었어요. 생명력의 진정한 힘이 육체의 몸으로부터 나오는 것이 아님을 깨달았어요. 실은 정반대였죠, 약간 압도되는 느낌이었어요. 생각과 경험은 계속되었지만, 내 자신이 생생한 생명력 속에 있음을 느꼈고 그 속에서 생각과 경험이 왔다가 사라졌어요. 다시 말하자면, 저는 지금도 생명력 속에 있음을 느끼는데 그 속에서 모든 것이 왔다가 사라집니다."

일상의 삶

각계각층의 사람들로부터 아이레스트 명상이라는 정묘한 훈련을 통해 자신들의 무한한 현존에 대해 깨달았다는 증언을 듣는다. 또한 그들은 일상생활과의 관계가 얼마나 많이 변했는지에 대해서도 이야기한다. 본성을 일별하는 경험은 데이비드의 일상에 지속적으로 영향을 미치고 있다. 물론 여전히 문제들이 발생하긴 하나 어떠한 것도 그가 찾은 생명력을 약화시키지 못하는 듯하다. 몇 개월 뒤, 데이비드가 이야기를 이어 갔다.

나는 이제 나의 일상적인 경험이 지속적이지 않음을 분명히 압니다. 내 마음의 활동이 근본적 존재를 가리고 있죠. 사실 존재는 지속성이며…… 그 외의 모든 것은 전적으로 존재에 따라 달라집니다. 관찰에 끼어들어 방해하는 마음의 강압성을 볼 수 있습니다. …… 이렇듯 보는 행위를 통해 나는 끊임없이 변화되고 있어요. 진정한 나로의 변화가 일상의 삶 안에서 일어나고 있다는 것이 너무나 놀랍습니다. 이러한 변화에 방해될 것은 아무것도 없습니다. 나 자신과의 관계가 전적으로 달라지면서 사람들과의 관계 또한 완전히 달라졌습니다. ……이런 일이 가능할 것이라고 생각해 본 적이 없어요.

이제 아이레스트 명상의 실제 수련과 그것이 어떻게 당신의 삶을 변화시킬 수 있는지 살펴보자.

제2장

명상 수련 아이레스트

긴장과 갈등을 야기하고 우리를 자연스런 평화의 상태에서 멀어지게 하는 조건화된 습관패턴을 깨뜨리기 위해서는 마음을 끊임없이 훈련시킬 필요가 있다. 우리가 해야 할 것을 안다면 갈등을 해결하는 것은 어렵지 않다. 끈기 있는 수련은 성과로 이어지고 그 보상으로 사랑, 개방성, 올바른 행동이라는 결실을 거둘 수 있다.

분리의 층

서양 과학과 요가는 끊임없이 변화하는 세 가지의 상태, 즉 신체적, 정신적, 에너지를 인정하는데, 요가는 이를 좀 더 나누어 6개의 껍질, 층 혹은 몸(산스크리트어: 마야코샤^{mayakosha}, maya = ~로 보이는 + kosha = 층, 껍질, 몸)과 변하지 않는 내재된 에센스, 즉 본성으로 세분화한다. 아이레스트 명상은 모든 변하는 상태들에 대한 혐오와 집착(있는 그대로의 상태를 원하지 않는)이 스트레스, 고통, 갈등, 불안, 우울, 불면, 불만족 및 평화의 결여를 점화시키는 원동력임을 보여 준다. 아이레스트 명상은 당신이 미처 알지 못했던 이러한 변화하는 각 현상의 층에 결부된 혐오와 집착을 발견하고 포기할 수 있게 하는 과정이다.

아이레스트 명상의 각 단계는 특정 껍질로 된 층을 다룬다. 각 단계를 거치면서 스트레스, 갈등, 속박이 녹아 없어지고 몸, 마음, 감각의 어떠한 변화에도 존재하는 자생적 행복, 만족, 평화와 함께 진정한 통찰, 올바른 행동이 드러나게 된다. 아이레스트 명상을 혼자서 수련할 때 하나의 특정 층이나 몇 개의 층을 다뤄도 되고 모든 층을 순차적으로 다뤄도 된다.

아이레스트 명상의 단계 및 껍질

- 1단계: 의도(상칼파^sankalpa)

  수련의 의도에 대한 자각

- 2단계: 결심(상칼파^sankalpa)

  가치, 의미, 목적에 대한 자각

- 3단계: 내적 자원(상칼파^sankalpa)

  불변의 존재와 안녕감이라는 내적 자원에 대한 자각

- 4단계: 신체의 몸(안나마야^annamaya)

  감각에 대한 자각

- 5단계: 에너지 몸(프라나마야^prāṇāmaya)

  호흡과 에너지에 대한 자각

- 6단계: 감정의 몸(마노마야^{manomaya})

  느낌과 감정에 대한 자각

- 7단계: 사고의 몸(비갸나마야^{vijñānamaya})

  생각, 믿음, 이미지에 대한 자각

- 8단계: 기쁨의 몸(아난다마야^{ānāndamaya})

  소망, 즐거움, 기쁨에 대한 자각

- 9단계: 에고로서의 몸(아스미타마야^{asmitāmaya})

  주시자 혹은 에고로서의 나$^{ego-I}$에 대한 자각

- 10단계: 기쁨의 몸 – 자연스러운 상태(사하즈^{sahaj})

  불변의 존재와 자각에 대한 자각

껍질로 된 층들은 단지 아이레스트 명상을 일관된 방식으로 체계화하기 위해 사용하는 개념적 수단이라는 것을 강조하고 싶다. 아이레스트 명상은 당신에게 어떠한 것을 믿으라고 하지 않는다. 당신 자신을 위해 수련을 하고 타고난 치유와 깨달음의 힘을 발견하기를 바랄 뿐이다.

각 층은 우리가 여행하는 지역과 같다고 할 수 있다. 도착하자마자 각 층의 풍경을 탐색하고 그려 보면서 그에 대해 점차적으로 알게 되고, 그 과정에서 만나는 다양한 감각, 사고, 감정, 이미지들을 환영한다. 모든 내적, 외적 변화와 동일시하는 것을 포기하고 이 순

간 있는 그대로 존재하고 있는 그대로의 우리가 되는 법을 배운다. 당신은 자신의 생각, 감정, 감각과 동일시하는 데 익숙하기 때문에 이를 받아들이기 어려울 수 있다. 아이레스트 명상은 확신한다. "당신의 생각과 동일시하는 것을 멈추라. 그러면 해결책이 떠오르고 갈등과 불협화음이 사라질 것이다."

1단계: 진실을 찾아서-의도 정하기

> 유일한 활로는 그저 바라보는 것이다.
>
> — 진 클라인^{Jean Klein}

아이레스트 명상 과정은 수련에 필요한 세 가지의 진심 어린 염원을 정하는 것으로부터 시작된다(산스크리트어: sankalpa, san− = 마음으로부터 생겨난 + −kalpa = 서서히 전개되는).

① 의도
② 결심
③ 내적 자원

이 세 가지는 삶에서 가장 깊은 염원을 이루기 위해 우리의 온몸과 마음, 가슴으로 확언하는 역동적 과정이다(산스크리트어: 바와나 ^{bhāvāna}= 염원, 열망, 마음가짐).
이와 반대되는 것이 개인적, 가족적, 사회적, 환경적, 유전적으로 조건화되는 것인데, 이는 삶이나 우리 자신, 타인들에 대한 믿음을 형성하며 우리를 빠져나갈 수 없는 느낌과 혼란 속에 가둔다(산스크리트어: 비칼파^{vikalpa}, vi= 분리하다, 나누다 + −kalpa = 서서히 전개되는).

우리의 염원을 탐색하고 확언하다보면, 우리의 몸과 마음에 지니던 염원과 상반되는 것들이 자연스럽게 드러난다. 그리고 상반되는 것들은 우리에게 해결되지 않은 혐오, 집착, 두려움, 조건화된 믿음을 인식할 기회를 준다. 따라서 상반되는 것들을 환영하는 것이 아이레스트 명상의 핵심 요소이다. 수련은 이러한 반대되는 것들을 메신저로 초대하도록 하고, 이를 우리가 제대로 이해할 경우, 우리 자신이나 타인, 세계와 조화를 이룰 수 있게 도와준다.

염원^{sankalpa}이 우리를 훌륭한 가수가 되게 이끄는 반면, 대립되는 것^{vikalpa}은 우리가 명성을 얻을 만하지 않다고 믿게 하여 훌륭한 가수가 되려는 노력을 약화시키는 것이라고 할 수 있다.

아이레스트 명상은 우리의 조건화되고 반사적인 행동을 주의 깊게 탐색해 보도록 한다. 반대의 것들을 환영하는 행위는 우리를 제한하는 믿음으로부터 해방될 기회를 주어 가슴 가장 깊은 곳의 염원과 굳건히 동맹할 수 있도록 한다.

아이레스트 명상은 명상적인 형태의 자기탐구이다. 성공적인 자기탐구를 위해서는 호기심, 관심, 동기, 인내심, 끈기와 지속적인 수련이 필요하다. 이러한 자질들이 산만해지지 않고 집중을 유지할 수 있도록 도와준다.

산만함은 주의를 묶어 버린다. 의도를 굳건히 세우면 주의가 집중되어 자기탐구가 가능해진다. 충분히 자유로운 주의가 가능할 때, 우

79

리는 조건화된 습관과 잘못된 인식을 알게 되고 그것들을 뚫고 갈 수 있다. 그렇지 않다면 조건화된 습관과 잘못된 인식은 우리를 불만족과 고통 속에 묶어 두어 스스로의 본성을 인식하지 못하게 한다.

세 가지 염원은 마음챙김 명상의 첫 번째 단계, 즉 초점화된 주의와 집중을 얻는 단계를 계발하는 데 중요한 수단이다. 마음챙김 훈련의 한 형태인 아이레스트 명상은 마음이 산만해지지 않고 일념집중하는 본래의 능력을 회복시켜 준다. 이로써 다른 상황이라면 '만가지 생각들'로 가려질 주의가 자기탐구를 위해 집중될 수 있다. 이는 우리로 하여금 만족스럽고 조화로운 삶을 살게 하도록 첫 번째 변화하는 현상의 성질을 메신저로 탐구하는 것이고 두 번째, 본성의 표현으로서 탐구하는 것이며 세 번째, 우리의 본성을 깨닫도록 도움을 주는 신호로서 탐구하는 것이다.

첫 걸음: 의도

의도를 정하는 것은 아이레스트 명상의 중요한 첫 번째 단계이다. 이 단계에서 수련을 발전, 함양시키고 주의를 유지하고 집중할 수 있기 위한 토대를 닦는다. 적절한 의도는 마음이 감각, 감정, 사고, 기억 등과 융합하기 시작하는 순간을 인식할 수 있게 한다. 제대로 정한 의도가 없을 경우, 이러한 순간은 인식 없이 지나가 버려 마음은 사고와 동일시하거나 융합하는 조건화된 습관을 지속하고 '잠에 빠진다'. 이는 깨어 있는 상태에서는 백일몽의 형태를, 잠자는 상태에서는 꿈의 형태를 취한다.

열망이 강할 수록 효과가 커진다

의도를 제대로 정하면 놀라운 수준의 각성이 가능하여 시시각각 변하는 몸, 마음과 동일시하거나 융합시키는 조건화된 습관에서 벗어날 수 있다. 그리고 이러한 순간적인 인식을 반복하다 보면 동일시하는 마음의 성향을 해체시킬 수 있다.

의도의 원동력은 깊은 호기심, 흥미, 배움에 대한 사랑, 인간으로서 지닌 잠재력을 깨어나게 하여 충분히 실현하겠다는 진심 어린 소망이다.

의도에 엄청난 자기수양이 필요하다고 말하는 사람들도 있다. 그러나 수양의 불은 배움에 대한 애정과 우리 자신을 진실로 이해하고자 하는 소망에 의해 점화된다. 이러한 소망이 존재하고 충분히 형성된다면, 강한 의도는 자연히 따라오며 본성에의 깨어남도 머지않다.

적을 수록 좋고 작은 것이 종종 큰 것보다 낫다. 지킬 수 있는 소박한 의도로 시작하라. 큰 실패를 쌓는 것보다 작은 성공을 쌓는 것이 최선이다. 성공은 신뢰를 구축하여 더 크고 지속가능한 의도를 정하는 계기와 능력을 만들어 낸다.

아이레스트 명상의 이 기본 단계를 과소평가하지 말라. 아이레스트 명상 수련에 들어갈 때마다 마음 가장 깊은 곳의 의도를 인식하는 시간을 가지라. 그 후 당신이 수련을 할 때나 일상생활을 할 때, 의도를 함양하고 기억하라. 그러다 보면, 의도가 저절로 당신의 기억에 남을 것이다.

자신을 진심으로 이해하려는 의도는 완전하게 깨어나려는 당신의 열망에 불을 붙일 것이다. 의도는 자기이해와 자유에의 문으로 당신을 인도하여 본성의 본향으로 돌아오게 하는 데 목적이 있다.

당신이 자신과 약속하고 합의할 때, 의도는 매일의 생활 속에서 결심을 뒷받침해 준다.

의도를 정할 때는 당신이 충분히 따를 수 있는 소박한 것으로 정하는 것이 좋은데, 왜냐하면 지키지 못할 경우 스스로를 저버리는 것이 되어 스스로에 대한 신뢰가 약화되기 때문이다.

마찬가지로 의도는 당신의 내적자원에도 도움이 될 수 있다. 예를 들어, 일상에서 내적 자원을 기억하겠다는 의도를 세우는 것이다.

이를 위한 간단한 방법은 하던 것을 멈추고 마음을 정리하여 내적 자원에 대한 느낌을 상기할 수 있도록 시계나 전화기에 매 시간마다 타이머를 설정하는 것이다. 기억의 시간은 한 호흡 길이 정도로 짧게 할 수도, 길게 할 수도 있다. 내적 자원 안에서 아주 짧은 휴식을 취하는 것만으로도 경이로운 재충전이 될 수 있다.

기억하라, 수련의 처음이든 마지막이든 언제든 의도로 돌아올 수 있는 것처럼, 일상생활 중에도 언제든 의도로 돌아올 수 있다.

실제적 고려사항

산만함을 줄이기 위해서는 매 수련 시작 전 당신의 마음속을 흘러가는 생각과 창의적 사고들을 메모하는 시간을 잠시 가지도록 하라.

수련이 끝난 후, 돌아오고 싶은 생각들을 적을 수 있도록 연필과 종이를 준비하라. 혹은 수련이 끝날 때까지 안전하게 보관할 수 있는 가상의 파일 캐비닛 이미지를 만들어 보라. 그런 다음 수련의 마지막에 메모나 가상의 파일 캐비닛에 돌아와서 당신이 얻은 통찰을 회수하면 된다. 이후 참고하기 위해 생각이나 창의적 사고가 보관되는 것을 알면 마음을 이완하는 데 도움이 된다.

의도의 예

의도는 짧을 수도 길 수도 있다. 수련 시 특정 감각을 느껴 보겠다는 의도를 정할 수 있는데, 예를 들면, "등의 통증을 메신저로 환영하고 귀를 기울인다."로 할 수 있다

혹은 특정한 감정과 만날 수 있다. 한 예로, "지금 내 가슴속에 있는 분노를 느끼고 그것이 내게 보여 주고자 하는 것에 마음을 열겠다."

또는 특정한 믿음을 살펴볼 수 있다. 예를 들어, "'나는 충분하지 않다.'와 상반되는 믿음인 '나는 현재로도 괜찮다.'를 환영한다."

아니면 내적 자원에 대한 감각 혹은 존재나 자각으로서의 느낌을 함양하는 시간을 가질 수 있다.

장기적인 의도를 정하여 매일의 생활 속에서 확언할 수 있다.

우리의 마음, 몸, 상황이 어떻든, 아이레스트 명상 수련 동안 우리의 현존함과 자각을 돕기 위해 깊은 맹세로서 의도를 세운다.

아이레스트 명상 동안 동일시, 융합, 잘못된 인식과 같은 반응적인 패턴을 벗어나기 위해 의도를 함양한다.

우리는 의도를 고취함으로써 옳은 행동으로 반응하고 내재된, 변함없는 건강, 전일성, 안녕감, 기쁨의 자질을 함양한다.

그리고 감각, 사고, 감정이 존재하는 각성상태이든, 잠자는 상태이든, 이런 것들이 존재하지 않는 꿈 없는 잠 속의 상태이든, 우리의 본성을 인식하고 본성에 깨어 있을 수 있도록 의도를 확고히 한다.

의도를 확고히 함으로써 우리의 수련과 삶 속에서 집중, 호기심, 끈기, 인내와 동기를 유지할 수 있다.

그리고 이 장의 앞부분에서 언급했듯이, 우리 마음속 깊은 결심을 실현할 수 있도록 의도를 확언한다.

자신의 의도를 찾기

의도를 명확히 하기 위해, 건강, 영성, 사랑, 즐거움, 관계, 결혼, 육아, 우정, 직업, 독창성, 재정 등 당신의 삶에서 중요한 범주의 목록을 적어 보라.

당신에게 의미 있는 범주들을 만들라. 각 범주나 목적이 당신에게 얼마나 중요한지 생각해 보라. 그런 다음 각 범주별로 의도를 정하라.

의도를 찾는 또 다른 방법은 당신 인생의 10가지 주요 목표 목록을 가장 중요한 순서부터 번호를 매기면서 만들어 보는 것이다. 스스로에게 물어보자. "만일 내가 최고의 의도를 실현할 수 있다면 무엇이면 좋겠는가?"

당신의 최고의 의도에 따라 살 수 있다면 하루가 어떨 것 같은가? 이런 방식으로 살아가려고 생각할 때, 당신이 경험할 수 있는 보상에 주의를 기울이고, 그것이 당신 깊숙이 스며들어 몸과 마음이 그것들을 점차 체화할 수 있도록 허용하라.

당신의 의도를 자신과의 특정한 약속, 서약, 합의의 형태로 바꿔 보라. 몸-마음 통합체는 추상적인 생각들을 처리하지 못하므로 효과성을 높이기 위해서는 당신의 바람과 의도를 구체적인 언어와 현재형으로 감정을 실어서 만들도록 하라.

예를 들어, 당신의 최우선 순위가 진실함과 사랑의 관계 속에서 사는 것이라면 다음과 같은 계약을 생각해 볼 수 있다.

- 나는 사랑, 친절, 진실에 따라 말하고 행동한다.
- 나는 날마다 자애, 친절, 기쁨, 평정심 속에 살고 이를 표현한다.
- 모든 생각, 행동, 행위들에서 나는 진실하고 정직하다.

여기 다른 사람들이 정한 의도의 예들이 있다.

- 나는 건강과 에너지를 위해 먹는다.
- 나의 관계는 조화, 영감, 기쁨의 원천이다.
- 내 일은 내게 영감을 불어넣는다.
- 나는 조직적이고 효율적으로 일한다.
- 나는 매일 명상한다.
- 내 몸무게는 최적이다.
- 나는 멋진 친구들에게 감사한다.
- 나는 내 인생을 사랑한다.

만일 당신의 의도에 충실히 산다면 삶이 어떨지 상상해 보자. 이러한 방식으로 사는 삶이 가져다 주는 보상, 예를 들어 행복, 마음의 평화, 평정심, 떳떳한 양심, 조화로운 관계, 가장 중요한 목표의 실현, 심리적, 영적 안녕감, 몸과 마음의 건강 등을 느껴 보라. 당신의 바람과 최우선 순위를 구체적이고 진심 어린 약속으로 옮겨 보라. 삶을 긍정하라.

2단계: 종적 발견하기-결심 세우기

진실은 항상 여기에 있다. 이미 그렇다.

— 리처드 밀러^{Richard Miller}

결심(산스크리트어: 다르마 르타 바와나^{dharma ṛta bhāvāna}, 우주의 전체성과 조화를 이루는 것)은 당신 삶에 의미, 목적, 가치를 주는 가장 깊은 갈망, 바람, 사명, 소명이다. 당신 삶의 최고 가치 중 하나이다.

결심의 기반이 되는 것은 전체 우주와 그 안에 있는 모든 것들(산스크리트어: 르타^{ṛta})의 작용을 조정하고 조화롭게 하는 지고한 진리 및 우주의 법칙을 유지하는 자연의 법칙이다. 결심은 최고의 해방이자 자유이고 본성의 실현을 도와준다.

결심은 당신 영혼의 타고난 바람 혹은 목적(산스크리트어: 다르마^{dharma})이자 개인적 소명이고 삶의 철학이며 삶을 살아가는 가치이다. 당신을 통해 그 독특함이 표현되는, 삶을 살아가는 최고의 목적이다.

결심은 당신이 전 생애를 통해 소중하게 지닐 진심 어린 태도(산스크리트어: 바와나^{bhāvāna})이다. 결심이 당신이 따를 삶의 가치를 형성한다.

지금 이 순간

결심은 우리 본성의 표현으로 무의식이 쉽게 이해할 수 있는 언어인 현재형의 시제로 감정을 담아 만든다. 결심은 우리가 살아갈 가치, 의미, 목적을 대변한다.

무의식의 마음은 구체적, 감정적으로 작동된다. 이런 이유로, 결심은 오감 중 하나 이상의 감각을 활용하여, 구체적으로 느낌과 감정을 실어 현재형으로 설정하는 것이 중요하다.

다음은 그 예이다.

- 나는 매 순간 진실을 말한다.
- 나는 나 자신과 타인을 사랑과 친절로 대한다.
- 나는 진실하게 행동한다.

영원한 현재(산스크리트어: 니티야밤nityatvam)만이 있을 뿐이다. 영원한 현재는 우리 본성의 본질적인 측면이다. 우리의 영원함을 잊고 우리가 시간 속에 존재한다고 믿을 때, 우리는 다섯 가지 층(산스크리트어: 판차칸추카스pañcha kañchūkas) 중 하나에 사로잡혀 있는 것이다.

시간은 개념에 불과한 마음의 투사물이다. 미래나 과거를 생각할 때 우리는 생각하는 마음속에 있다. 반면, 개념이 아닌 직접 경험은 지금 이 순간뿐이다. 이를 확인해 보자.

당신이 '지나간' 어느 순간에 있었을 때, 그 순간에 대한 당신의 실제 경험은 '지금'이었다. 그리고 당신이 미래의 어느 순간에 있게 되면, 그때 당신의 경험 또한 '지금'일 것이다. 그렇지 않은가? 어떤 순간이든, 이 순간에 대해 자문해 보면, 예를 들어 "언제지?"라고 묻는다면, 당신의 직접적인 경험은 언제나 '지금'일 것이다.

실제적이며 살아 있는 경험은 오직 지금뿐이지만 생각하는 마음이 끊어짐 없는 영원한 지금을 과거와 현재라는 개념으로 나누었다. 이는 우리가 미래를 위한 의도를 설정할 경우, 결코 도달할 수 없는 것을 위해 애쓰고 있다는 사실을 이해하는 데 기초가 된다. 이는 의도와 결심을 항상 현재형의 문장으로 만드는 이유이다.

시각-청각-운동감각

우리가 오감을 통해 세상을 인식할 때 대체로는 세 가지 감각 기능, 즉 시각(보기), 청각(듣기) 및 운동 감각(감지-느끼기) 중의 하나 혹은 그 이상을 사용한다.

예를 들어, 당신이 세상을 시각적으로 처리하는 사람일 경우, 당신은 마음의 눈을 통해 외형적 형태를 보려는 경향이 있을 것이다. 당신이 청각 지향적이라면 다른 사람들에 비해 소리의 방식에 쉽게 영향을 받는다. 그리고 운동감각 처리경향이 있다면, 육체적 감각, 느낌, 움직임 등에 쉽게 반응할 것이다.

미각과 후각 역시 중요한 감각기능으로, 이 또한 우리 경험의 방향성이나 깊이를 좌우한다. 따라서 결심을 세울 때 가능한 한 많은 오감의 언어를 동원하는 것이 중요한데, 그럴 경우 정보에 대한 뇌의 접근성과 처리가 더욱 완전하고 풍부해진다.

앞에서 언급했듯이 무의식은 글자 그대로 받아들이며 감정이 담겨 있고 구체적인 것을 좋아한다. 따라서 결심을 할 때, 구체적인 이미지나 느낌, 감정, 소리, 맛, 냄새 등이 촉발될 수 있고 문자 그대로의 진실이 전달될 수 있는 용어를 사용하라. 당신의 온몸과 마음, 가슴, 오감을 사용하여 결심을 하라. 그리고 당신이 사실을 이야기하듯이 현재형 문장으로 만들라.

"나는 건강해질 것이다." 혹은 "나는 깨달음을 얻을 것이다."라고 하는 대신, "나의 본질적 자기는 늘 온전하고 건강하다." "나는 항상 본성에 깨어 있다."고 하라.

우울하고 절망에 사로잡힌 친구를 찾아간 적이 있다. 그녀는 당시 3차 항암치료를 받고 있었다. 건강에 대한 그녀의 소망을 함께 살펴보다가 나는 그녀의 생각이 미래에 완전히 고정되어 있음을 알게 되었다.

나는 그녀가 소망을 현재형으로 바꾼 후, 그 소망을 지금 이 순간 마음 깊이 체화되는 사실로서 보고 느끼고 맛보고 냄새를 맡고 듣고 경험하도록 안내했다.

그녀가 "나는 온전함과 건강으로 빛나는 나를 보고 느끼고 경험한다."라고 말했을 때, 그녀는 그 차이에 충격을 받았다. 자신의 몸이 아프고 소진되었다고 느낌에도 불구하고, 그녀는 온전하고 건강하고 치유가 필요하지 않은 무언가가 자신 안에 있음을 깨달았던 것이다.

나와 함께 앉아 있을 때, 그녀는 자신의 본성을 저절로 일별하게 되었다. 그녀는 자신의 존재 자체는 평생 한 번도 병들지 않은 광대한 건강함과 온전함임을 깨달았다. 그녀는 "내 몸과 마음에 무슨 일이 벌어지든 나는 완전하고 건강하다."는 것을 진정으로 깨달았다.

그것은 그녀에게 놀라운 계시였으며 암 치료 여정 내내 그녀의 심리영적인 안녕감에 지속적으로 영향을 미쳤다.

완전한 경험

결심을 할 때 생각으로만 하지 않는 것이 중요하다. 온 마음을 담아 현재 이 순간의 진실한 표현으로 결심을 느껴야 한다. 자신의 결심, 핵심 가치, 소명, 사명을 다짐할 때 그것을 온몸으로 느끼라. 이 순간 실재하는 진실로 체화하라.

이것이 당신의 무의식이 작동하는 방식임을 기억해야 된다. 무의식은 현재 속에서 구체적으로 작동한다. 그러므로 당신 몸이 이 순간 결심을 사실로 받아들일 수 있도록 하라.

일단 결심을 받아들여 상상하고 기록하고 깊이 느끼게 되면, 아이레스트 명상의 다음 단계로 이행하기 위해 결심은 잠시 보류한다.

그리고 우리가 완전히 열린 상태가 되는 아이레스트 명상 수련의 마지막에 결심을 다시 떠올린다. 그 시점에서의 결심은 처음 마음속에 그리던 그대로일 수도 있고 혹은 아이레스트 명상 수련동안 일어난 통찰로 인해 좀 더 진화할 수도 있다.

어떠한 경우든 결심을 지금 이 순간의 현실이자 생생한 진실의 표현으로 경험한다. 이러한 방식으로 결심에 따라 사는 것은 완전한 인간 잠재력의 가능성을 우리에게 열어 준다.

상반되는 것들

결심은 세 가지 염원 중 하나이다(산스크리트어: sankalpa = 맹세, 결의, 약속, san- = ~가슴으로부터 우러나온 + -kalpa = 서서히 전개되는). 결심의 반대는 vikalpa(산스크리트어: vikalpa = 우리를 우리 자신에게서 멀어지게 하고 의심하고 추측하게 하는, vi- = 분리하다, 나누다 + -kalpa = 서서히 전개되는)로 염원을 의심하고 스스로에 대한 서약과 약속을 버리는 우리의 경향성을 의미한다. 당신이 결심을 깊이 생각하고 행동으로 옮길수록 그와 반대되는 것이 생각이나 금기시된 행동들로 표면화될 수 있음을 명심해야 한다.

예를 들어, 매 순간 진실을 말하겠다는 결심을 하면 그 결심이 허위나 혹은 악의 없는 거짓말을 하는 자신의 경향성을 볼 수 있게 도와줄 것이다. 그러므로 자기탐구와 자기성찰을 위해서는 결심을 메모하는 것뿐만 아니라 상반되는 것이 저절로 일어날 때, 알아차리고, 적어 보고 아이레스트 명상 수련에서 다루어 보는 것 또한 중요하다. 상반되는 것들을 작업하는 것은 아이레스트 명상의 강력한 면이며 그에 대한 원칙은 아이레스트 명상 수련의 6단계와 7단계에서 다룰 것이다.

결심 찾기

삶에 대한 결심과 의도란 당신이 달성을 위해 결정하고 약속하는 분명하고 단호한 서약이다. 결심과 의도는 당신이 삶의 목표를 실현하도록 목적, 가치, 의미를 부여한다. 내적 자원은 의도와 함께 작용하여 결심에 변치 않고 파괴되지 않는 안전함, 평화, 평정심, 안녕감을 부여해 준다. 이러한 것들은 당신의 결의를 굳건히 하여 당신이 내적 자원에 집중할 수 있도록 해 준다. 당신에게 세상을 헤쳐나갈 수 있도록 강력함을 준다.

결심은 당신이 살아 있는 가장 깊고 소중한 이유이다. 산스크리트

어로는 당신의 다르마^{dharma}로, 당신이 하는 모든 행위의 기반이 된
다. 다르마는 산스크리트어 rta에서 파생되었는데, 이는 질서, 진리
와 보편적 법칙의 가장 높은 원칙들(전체 우주와 그 안의 만물을 조절
하고 조직화하는)을 의미한다. 다르마는 당신이 본성을 깨닫고 굴레
에서 벗어나 해방과 자유를 느끼게 해 준다(산스크리트어: 목샤^{moksha}
= 자유, 반의어: 아다르마^{adharma} = 속박의, 혼란스러운)

다르마는 당신이 그에 따라 삶을 살아야 하는 지고의 질서이다.
그것은 자연의 법칙과 자연의 질서를 기반으로 한다. 다르마는 영혼
의 타고난 바람, 목적, 사명이다. 당신의 소명이고 삶의 철학이자 삶
을 살아가는 데 기준이 되는 가치이다. 그것은 그 특유의 표현으로
당신을 통해 그 자신의 최고 목적을 살아가는 삶이다.

사회적 조화와 인류의 행복을 위해서 우리는 자연의 질서와 우주
의 원칙에 맞게, 분별력 있게 살아야 한다. 자신의 다르마 혹은 결심
에 따라 사는 것은

아르타^{Artha}: 물질적 번영을 위해 고귀한 일과 행동에 참여하는 것이고
카마^{Kama} : 기쁨과 즐거움을 느끼는 것이며
목샤^{Moksha} : 고통, 두려움, 불안, 불만족으로부터의 해방과 깨달음을

얻는 것이다.

- 결심의 예
  - 나의 생각과 말과 행동은 전적으로 일치한다.
  - 나는 진실하고 솔직하고 신뢰를 주며 친절하고 자비롭고 선한 존

재로 살아간다.

-나는 봉사를 위해 태어났고 일생을 깊은 배려, 존중, 사랑을 실천하고 있다.

-나의 의지와 그대의 의지는 하나이며 동일하다.

-나는 내 자신, 타인, 세계와 사랑 안에서 조화를 이룬다.

-나는 호기심, 기쁨, 열정을 가지고 창조적으로 용기 있게 산다.

-나는 분명한 내면의 인도를 받고 있고 이를 진솔한 마음과 믿음으로 표현하며 산다.

-나는 삶을 신뢰하고 사랑한다.

관점

몇 년 후, 당신이 편안한 의자에 앉아 살아온 삶을 되돌아본다고 상상해 보라. 가까운 친구들이 당신의 삶을 어떻게 생각하는지 이야기하고 있다. 당신도 자신의 삶에 대해 어떻게 생각하는지 그들과 나누고 있다.

인생이라는 여정의 다양한 측면들, 즉 친구들 및 가족들과의 경험, 일, 직업, 행복한 시간들과 힘든 시간들, 개인적, 영적 발전, 창의성, 건강, 자기표현, 봉사 등을 생각해 보라.

• 삶을 돌아볼 때, 무엇에 대해 행복을 느끼나?

• 삶을 살아온 소중한 신념은 무엇인가?

• 당신 삶에서 중요한 가치나 원칙은 무엇인가?

• 당신이 어떻게 표현된다면 기쁠 것인가?

- 당신의 인생에서 무엇이 중요했나?
- 어떤 것에 감사를 느끼는가?
- 달리했더라면 하고 생각하는 것은 무엇인가?
- 당신 인생의 어떤 요소들에 기쁨을 느끼나?
- 당신 인생의 어떤 요소들이 당신 자신과 당신의 삶을 평화롭게 했나?
- 가장 가까운 친구들은 당신의 삶에 대해 어떻게 얘기하나?
- 삶을 돌아볼 때, 현시점에서 당신 스스로에게 뭐라고 하고 싶은가?
- 삶을 돌아볼 때, 당신 삶의 신념을 요약할 수 있는 가장 중요한 주제가 무엇인지 스스로에게 물어보라. 아마도 당신은 진실함, 자발성, 신뢰, 비폭력, 자비, 친절, 사랑, 감사, 평정심, 기쁨, 환희, 탐구, 봉사, 심리적 통합, 영적인 실현 등이 스며 있는 삶을 살아왔을 것이다.
- 당신 삶의 지침이 된 기본적인 바람이 있는가?

되돌아볼 때 당신의 체화된 결심을 불러일으키는 단어들, 즉 당신 삶의 의미를 반영하는 단어들을 찾아보라. 현재형의 긍정문으로 만들고 감정의 언어를 사용하라.

예를 들어, "나는 사랑을 찾을 것이다."라고 하는 대신에 "나는 매 순간 모든 생각, 행동, 행위에서 사랑을 표현하는 사랑 자체이다."라고 하라.

"진실하고 정직하겠다."라고 하는 대신 "나는 매 순간 진실하고 정직하다."라고 하라.

긍정적인 단어는 당신 뇌에서 긍정적이고 건강한 연결과 행동을 형성하게 하는 네트워크를 활성화시킨다.

결심을 명확히 의식하고 있으면 부정적인 사고에 사로잡힐 수 있는 뇌의 경향성을 바로잡을 수 있다. 소망을 현재형의 사실로 다짐하는 것은 당신의 뇌에게 닿을 수 없는 어딘가에 있는 무엇이 아닌 바로 이것이 기준이라고 말하는 것이다.

결심이 효과적이 되기 위해서는 가슴 깊이 느끼고 의식적으로 자각하며 진지하게 받아들여야 한다.

- 결심을 적는다.
- 결심을 나타낼 수 있는 이미지를 찾아본다.
- 결심을 콜라주, 그림이나 예술적인 방식으로 표현해 본다.
- 결심을 온몸으로 느끼면서 당신의 경험 속에 스며들고 가라앉아 몸과 마음의 더 깊은 수준에 새겨진다고 상상해 본다.
- 그 결심이 어떻게 무르익는지 이따금 상기해 본다.
- 명상이나 일상적인 수련을 할 때마다 결심을 새롭게 다짐한다.

3단계: 진실을 지각하기—내적 자원 경험하기

우리의 일은 지옥 같은 절망 속에서도 가슴을 여는 것이다.

—스티븐 레빈Stephen Levine

아이레스트 명상에 깊이 들어가면, 우리 내면의 강한 감정, 사고,

믿음, 기억, 이미지를 불러일으키는 경험들과 맞닥뜨릴 것이다. 우리 정신의 더 깊은 곳을 탐험하다 보면 때로는 방향을 잃은 듯 느낄 수 있다. 이러한 경험은 중심도 주변도 없는 심원의 광활함을 특성으로 하는 우리 본성을 탐색할 때도 일어날 수 있다.

이러한 경험은 경이로움, 놀라움과 함께 불안과 두려움을 불러일으킨다. 아이레스트 명상은 이런 불안과 두려움 속에 있을 때 내적 자원이라는 우리의 내면에 늘 이어져 온, 안전함, 보호의 내적 기반을 회복하고 느끼도록 도와준다. 이 내적 자원은 평정심이 늘 존재하는 기초를 마련해 주어 어떠한 상황하에서도 훼손되지 않는 안녕감과 기쁨의 감각으로 항해할 수 있게 한다.

처음에는 내적 자원이 왔다가 사라지는 평화, 평정심, 접지의 느낌, 안녕감 등으로 느껴질 수 있다. 그러나 시간이 지나면 이러한 느낌들이 어떠한 상황에 처하든 늘 존재하는 불변의 요소임을 알게 된다. 처음에는 내적 자원을 함양하고 기억하기 위해 시간과 노력을 투여하지만, 시간이 지나면 내적 자원이 늘 존재하며 매 순간 '우리를 기억'하는 것으로 경험한다.

안전을 위한 특별한 장소

아이레스트 명상 수련을 시작할 때 내적 자원을 정하는 것은 중요하다. 내적 자원은 이전의 경험으로부터 남겨진 미해결된 감정, 믿음, 기억의 깊은 잔재와 만날 때, 즉각적으로 돌아올 수 있는 내면화된 안전감과 안녕감을 제공하는 데 목적이 있다.

명상이나 일상 속에서 감각, 감정, 믿음, 기억, 경험 등에 의해 도전받는다고 느낄 때, 내적 자원이라는 안전한 피난처로 즉시 돌아올 수 있다.

우리는 내적 자원의 파괴되지 않는 안녕감을 피난처, 오아시스로서 경험하며 안전감과 확신을 되찾을 때까지 휴식을 취할 수 있다. 그런 후 이 감정을 지닌 채 내재되어 있던 괴로움, 고통, 혼란의 잔재와 대면하고 해결하는 작업을 이어 간다.

감정, 믿음, 이미지, 기억이나 여러 경험들로 압도되기 시작하면, 우리는 안전감과 접지의 느낌, 편안함을 느끼기 위해 내적 자원을 불러온다. 그리고는 도전적인 경험들 속으로 다시 들어갈 준비가 될 때까지 내적 자원 속에 머무른다. 내적 자원은 어떠한 경험을 하든, 아이레스트 명상 수련 중이든 일상생활 중에 있든, 누구와 있거나 무엇을 하고 어디에 있든 편안함과 통제감을 느끼게 하는 수단이다.

처음에 내적 자원은 상상 속에서 만들어 낸 이미지로 나타날 수 있다. 그럴 경우 그 이미지를 가슴에서 우러나오는 체화된 경험이 되도록 우리 몸의 느낌과 연결시킨다. 내적 자원에 접근할 때 가능한 한 많은 감각 양식을 사용하도록 한다. 예를 들어, 내적 자원이 시각적 이미지인 경우, 그것을 원래 이미지를 생생하게 하는 다른 감각들, 예를 들어 신체적 감각, 느낌, 감정, 사고, 단어, 소리, 냄새, 맛 등과 함께 연상하는 것이 좋다.

내적 자원은 이전에 방문했던 장소 혹은 아이레스트 명상 수련을 위해 창조해 낸 상상의 장소와 연결시킬 수도 있다. 같이 있으면 안전감을 느끼는 사랑하는 사람들, 동물들, 대상들의 이미지를 동원할 수도 있다. 과거 삶에서 혹은 아이레스트 명상 수련 시 일어났던 기쁨이나 안녕감의 경험이 될 수도 있다.

염두에 두어야 할 두 가지 중요한 사항은 내적 자원은 ① 온몸과 마음으로부터 깊고 체화된, 안전감, 편안함, 평화, 평정심, 안녕감을 불러올 수 있어야 되고, ② 궁극적으로 어떤 느낌을 불러일으키는 특정한 이미지나 기억이라기보다 우리가 경험하는 느낌이다.

내적 자원을 불러오는 순간, 내적 자원이 효과적인 수단이 되기 위해서 이 두 가지 사항을 기억하는 것이 중요하다.

다음은 사람들이 내적 자원을 자신들의 체화된, 가슴에서 우러나오는 경험으로 불러오는 데 효과적이었다고 하는 이미지들이다.

- 초원, 숲속에 있거나 개울, 강가에 앉거나 자연의 특별한 장소에서 평화로운 기분을 느끼고 있는 이미지
- 좋아하는 것들로 둘러싸인 특별한 장소에 있는 이미지
- 사랑하는 사람이 옆에 있고 친구들, 동물들이 주변에 있거나 혹은 내면의 긍정적 하위 인격들이 동행하고 있는 이미지
- 안전, 보호, 편안함, 힘, 안녕감과 관련된 감각적 느낌을 불러일으키는 특별한 상징이나 전형적인 이미지

아이레스트 명상 매 회기 초반부에 내적 자원을 풍부하게 하는 시간을 가지라. 내적 자원을 많이 불러올 수록 즉각적으로 경험하는 것이 더 쉬워진다. 내적 자원은 아이레스트 명상 수련 시 당신이 가장 강한 감정이나 반응에 맞닥뜨릴 때에도 함께 할 수 있을 만큼 충분한 강도와 생생함을 지녀야 한다.

하루 중에도 내적 자원을 회상해 보고 체화하는 시간을 가지라. 이렇게 하는 것은 당신이 어떠한 상황에서도 내적 자원을 떠올릴 수

있도록 '일반화'하는 데 도움이 된다. 아이레스트 명상 수련 중에 한 경험이 일상이나 삶에도 일어나도록 하라.

내적 자원 발굴하기

당신의 내적 자원은 언제든 즉각적으로 돌아올 수 있는, 내면화되고 한결같은 안전함, 평화, 편안함, 평정심, 안녕감을 제공한다. 그것은 내면의 성소, 안전한 천국 혹은 안녕감이라는 내면화된 우주, 고요함, 평화, 평온, 안전, 이완, 편안함, 평정심이다.

내적 자원은 당신이 이완을 느끼고 스스로의 경험을 통제할 수 있게 해 주는 체화된 경험이다. 내적 자원의 가장 중요한 측면은 그것이 몸과 마음을 통해서 당신 내면에 있는 보호받고 안정되고 편안한 느낌을 불러일으킨다는 것이다.

내적 자원을 수집할 때 가능한 한 많은 감각 양식을 이용하라. 그러면 내적 자원은 어떠한 감각채널을 통해서든 즉각적으로 불러올 수 있는 효과적인 도구가 된다. 예를 들어, 내적 자원의 감각을 불러일으키는 데 시각 이미지를 이용할 경우, 그것을 감각, 느낌, 감정, 사고, 단어, 소리, 냄새, 맛 등을 포함하는 다른 감각양식과 함께 연상하라. 그러면 당신이 심상을 시각화할 때, 연관된 감각적 경험들이 연속적으로 촉발될 것이다.

다만, 내적 자원은 이미지나 기억 자체가 아님을 명심해야 한다. 이미지나 기억은 처음 내적 자원을 발굴하여 익숙해지고 활성화시키는 데 도움이 된다. 그러나 실제 내적 자원은 심상이나 기억과는 별개인 몸으로 느껴지는 감각이다.

내적 자원을 발굴하는 가장 좋은 방법 중 하나는 존재의 단순한 느낌을 경험해 보는 것인데 이는 우리 모두가 경험하는 보편적인 느낌이다.[1] 존재는 태어나면서부터 삶의 매 순간 당신과 늘 함께하지만, 직접 알려 주기 전까지는 알아차리지 못하는 조용한 배경이다.

지금 잠시 시간을 내어 인생을 돌아보며 당신과 함께해 온 존재의 느낌이 어떠한지 알아차리라. 존재의 느낌을 당신이 직접 경험하는 것이 어떤 것인지를 살펴보라. 그저 존재로서 있을 때의 형언할 수 없는 느낌을 알아차리라. 형언할 수 없지만 어떤 것을 경험하더라도 그것은 당신에게 필히 존재하며 접근 가능하다.

사람들이 존재의 느낌을 묘사해 온 다음의 단어들을 읽으면서 당신의 존재의 느낌을 마음챙김하면서 경험해 보라.

> 형언할 수 없지만 명백한…… 평화로운…… 고요한…… 편안한……
>
> 가슴 중심의…… 현존…… 안전한…… 사랑이 넘치는……
>
> 광활한…… 열린……
>
> 연결되어 있는…… 피난처…… 오아시스…… 안식처……
>
> 안녕감……

내면의 메신저

존재를 경험하면 어떠한 상황에서도 당신은 내적 자원의 근거를 인식하고 경험할 수 있게 된다. 아이레스트 명상은 불변의 존재와 안녕

---

1) Eugene T. Gendlin, 『Focusing』 (Bantam, 1982).

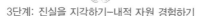

감이라는 내적 자원을 회복할 수 있도록 당신 내면에 현존하는 5가지의 특별한 메신저들을 알려 준다. 이 메신저들은 당신 몸에서 일어나는 자연스러운 과정들로 내장의 느낌, 감정, 사고, 정신적 이미지 등을 포함한다. 이 메신저들은 당신에게 내부 피드백을 주기 때문에 일상생활 속에서도 당신은 내적 자원을 알고 느낄 수 있다.

1차 메신저 자신을 그저 존재로서 느끼고 경험해 보라. 자신이 그저 존재로서 있을 때, 당신은 존재로서, 공간에서 위치하는 경험을 어떻게 묘사하겠는가? 예를 들어, 어디가 당신의 가장 내부이며 어디가 가장 바깥쪽 경계인가? 당신이 그냥 존재로서 있을 때, 분명한 가장자리나 경계가 있는가?

2차 메신저 생각이나 기억으로 빠져듦 없이 당신이 그저 존재로서 있을 때 시간은 어떻게 경험되는가?

3차 메신저 당신이 그저 존재로서 있을 때, 존재로 이미 있는 당신을 더 낫게 혹은 더욱 완벽하게 하기 위해 취해야 될 것이 있는가?

4차 메신저 당신이 그저 존재로서 있을 때, 존재로 이미 있는 당신이 더 강한 연결감을 느끼기 위해 알아야 될 것이 있는가?

5차 메신저 당신이 그저 존재로서 있을 때, 이미 존재로서 있는 당신을 더 완전하게 만들기 위해 성취해야 할 것이 있는가?

지금 잠시 시간을 내서 기억이나 생각에 빠져들지 않은 채, 그저 존재해 보라. 존재의 불변성을 느껴 보라.

광활한······ 영원한······ 조화로운······

완벽한······ 연결된······ 완전한······ 온전한······

인간으로, 전일함으로 존재하기

존재는 인간으로 존재함에 있어 기본적인 성질이다. 당신이 그저 존재로서 있을 때, 한 인간 존재로서 당신의 존재가 전일함을 알게 된다. 한 인간으로서 당신은 사실······

- 건강한 경계를 유지할 필요를 느끼는 그 순간에도 광활하다.
- 심리적으로 시간이 지속되기를 필요로 하는 그 순간에도 영원하다.
- 개인적 소망들이 끊임없이 일어나는 그 순간에도 부족함, 필요, 욕구를 넘어선다.
- 객관적인 지식을 얻고 사회적 관계의 지속을 원하는 그 순간에도 연결되어 있다.
- 상황과 관계없이 완전하고 온전하다.

내적 자원은 당신 존재의 내적 바탕이므로 내적 자원을 경험하기 위해 당신을 고정시킬 필요나 변화시킬 필요가 없다. 당신 존재의 바탕은 이미, 그리고 언제나 광활하고 영원하며 완벽하고 연결되어 있으며 온전하다. 핵심은 당신이 이미, 그리고 언제나 건강하고 온전하다는 것이다. 일상에서 존재의 내적 자원을 경험하면 자기 자신을, 존재에의 감각을, 또한 내적이며 불멸의 온전함을 느끼고 연결을 유지하는 데 도움이 된다. 자기 자신과 존재와 자신의 전체성과의 연결을 느낌으로써 당신의 고립감, 분리감, 소외감이 치유될 수 있다.

소소한 방식으로 자주 내적 자원을 함양해 보라. 일상생활 속에서도 시간을 내어 반복해서 불변의 존재와 안녕감이라는 내적 자원을 체화한다면, 언제, 어떠한 상황에서든 내적 자원을 불러올 수 있다.

아이레스트 명상 수련 중이든, 낮이나 밤이든, 하루 중 어떤 시간이든 감당할 수 없는 감정, 반응, 믿음, 기억에 압도된다고 느끼기 시작하면 고요함, 안전함, 안심, 확신을 얻을 때까지 내적 자원으로 돌아와 휴식을 취한 후 그 느낌들을 지닌 채 돌아가 다시 도전들이나 반응, 고통, 괴로움, 혼란의 잔재와 맞서고 해결하도록 한다.

4단계: 진실을 파악하기-몸을 감지하기

> 순수하게, 조건 없이 귀 기울이면, 당신의 몸은 저절로 깊은 평화로 빠져든다.
>
> — 진 클라인Jean Klein

이제 의도와 결심을 정했으면 신체적 몸(산스크리트어: 안나마야 annamaya)에 체계적으로 주의를 순환시키기 되는데, 이는 당신 본연

의 편만한 광활함과 연결성을 상실할 때 나타나는 신체적 장애에 대
응하게 해 준다. 신체 감각에 순수하고 조건 없이 본능에 따라 귀 기
울이면 몸의 타고난 빛이 회복된다.[2] 신체를 감지하는 단순한 행위
를 통해 당신은 몸을 활력의 피드백(타고난 신체적, 심리적, 영적 생명
력의 기반으로 돌아가도록 알려 주는)을 주는 풍성한 원천으로 이해하
게 될 것이다.

빛나는 편재

당신은 아마 피부가 당신의 몸을 경계 짓는다고 믿을 것이다. 그
러나 몸은 실제로 중심이나 경계의 한계라는 개념을 넘어선 다차원
적이고 무한히 뻗어 가는 진동이다. 본성은 중심도 경계도 없다. 본
성은 본디 편재하는 것으로 동시에 모든 곳에 존재한다. 불행히도
우리는 삶의 경험 속에서 이를 점점 잊어버린다. 우리 몸이라는 빛
을 구성하는 한없이 다양한 신체적인 감각에 대해 점점 둔감해지고
있다. 우리가 불편함이나 통증으로 뚜렷하게 자각하기 전까지는 수
개월 혹은 수년 동안 질병의 진행을 감지하지 못하는 것도 이러한
이유에서이다. 우리는 대개 몸이 마음에게 뭔가 잘못되었다고 알리
는 미묘한 메시지를 자각하지 못한다.

2) Jaideva Singh, 『Spanda-Karikas: The Divine Creative Pulsation』(Motilal Banarsidass, 1994).

정보의 만화경

미묘한 신체 감각을 지각하지 못할 경우 더 강하고 괴로운 느낌이 자각될 때까지 기다려야 한다. 그러나 불행히도 이런 강한 느낌이 인지될 때면 신체적, 정신적 몸을 병들게 한 것을 치유하기 어려울 수 있다. 아이레스트 명상은 우리가 신체의 몸을 구성하는 미묘한 에너지의 공명에 조율할 수 있도록 한다. 몸이 끊임없이 발산하는 감각의 무수한 배열을 구별할 수 있으면 몸이라는 아름다운 진동의 사원을 독창적으로 관리할 수 있다.

당신이 몸의 미묘하고 빛나는 진동의 느낌을 다시 배우면 당신은 방대한 피드백의 세계에 접근할 수 있어 신체적, 심리적, 영적 건강 상태에 대해 몸이 끊임없이 보내는 모든 메시지를 느낄 수 있다. 너무나 많은 사람들이 몸이 끊임없이 보내는 메시지를 어떻게 반기고 귀 기울이고 반응해야 하는지 잊어버렸다.

몸의 미묘한 피드백을 '듣지' 못할 때 몸은 더 큰 신체적, 정신적 증상을 만들어 볼륨을 높일 것이다. 반가운 소식은 아이레스트 명상 수련이 몸이 보내는 아주 미묘한 단서들까지도 들을 수 있는 당신의 타고난 능력을 다시 깨워 준다는 것이다. 그러고 나면 당신은 "보통 사람들에게는 현미경으로만 볼 수 있는 눈의 먼지가 요가 수행자에게는 나무의 큰 조각 같다."는 요가 수행자의 격언을 확실히 체감할 것이다. 몸의 신호들을 알고 환영할 수 있으면 몸이 아프기 훨씬 이전에 적절한 반응을 취할 수 있다. 이것은 아이레스트 명상이 보여 주는 많은 기적 중의 하나일 뿐이다.

호문쿨루스

아이레스트 명상 중 신체의 몸으로 자각을 순환시킬 때 특정한 순서로 시작하여 끝난다. 입으로부터 시작하여 발에서 끝나는데, 이는 요가 수행자들이 수천 년에 걸쳐 배치한 몸의 지도의 정확한 경로를 따른 것이다. 현대 신경생리학자들 또한 신체적 몸과 뇌의 정확한 상호연결성을 조사하기 위해 전극을 사용하여 이러한 경로들을 탐사해 왔다. 그들은 뇌의 대뇌피질로 들어오고 나가는 방대한 양의 신경 섬유에 관한 구체적인 지도를 만들었는데, 그것들은 신체적 몸의 특정 영역과 엄밀하게 관련되어 있다. 이 지도가 뇌의 운동 및 감각피질에 해당하는 호문쿨루스를 구성한다. 이들 뇌 영역은 몸과 뇌를 오가는 신경충동을 담당하는 신경섬유들로 구성되어 있다. 몸의 어떤 영역들(입, 혀, 귀, 눈, 안면, 목구멍, 손, 성기, 발)에는 다른 영역보다 더 많은 신경종말이 분포되어 있다. 따라서 아이레스트 명상 수련 중 신체의 몸에 주의를 순환시키는 경우, 이러한 감각이 풍부한 영역을 특별히 중요하게 여긴다.

입, 귀, 눈으로 시작하여 목과 팔, 손, 손가락으로 내려간 다음, 몸통과 골반에서 발과 발가락으로 내려간다. 이러한 방식으로 신체적 몸을 이동할 때, 동시에 뇌의 감각과 운동피질 영역을 통해 호문쿨루스를 탐사하는 것이다. 신체의 몸에 대한 각성을 높임으로써 뇌 활동에 깊은 이완의 효과를 가져올 수 있고 이는 각성하면서도 동시에 이완할 수 있는 능력을 향상시킨다. 아이레스트 명상은 몸을 이완시킴으로써 마음을 이완시키고, 마음을 이완시킴으로써 몸을 이완시킨다.[3]

차크라

서양과학이 감각 및 운동 피질에 근거한 가장 민감한 신체영역 지도를 정확히 찾아 보여 준다면, 요가는 중요한 에너지 영역인 차크라(산스크리트어; 신체의 에너지 센터)를 확인할 수 있는 지도를 제시한다. 인체의 7개의 분비샘, 신경총과 관련성이 있는 차크라는 우리에게 신체적, 정신적, 영적 건강과 관련된 정묘한 정보들을 끊임없이 제공하는 특별하고 복합적이며 서로 얽혀 있는 에너지 망(산스크리트어: 숙슈마샤리라sukshmā sharīra)이다.

서양과 동양의 지도들을 바탕으로 체계적 방식으로 몸에 주의를 순환시킴으로써 몸과 마음이 빠르고 깊게 이완된다. 몸을 통해 의식을 순환시키며 연습을 거듭하다 보면, 몸의 찬란하고 확장된 진동을 회복하여 스트레스를 해소하고 활기가 증진되며 비이원적인 존재의 본능이 다시 깨어난다.

지금 당신은 손을 피부라는 벽에 둘러싸인 찌릿찌릿한 감각으로만 경험할 것이다. 그러나 아이레스트 명상을 통해서 당신은 손이 만방으로 무한히 뻗어 나가는 광대하고 다차원적인 진동임을 깨닫게 된다. 몸에 대한 감각은 마음으로 측량할 수 없고 개념적인 경계를 지을 수 없는 거대한 광활함으로서의 몸을 깨운다. 종국적으로 아이레스트 명상은 이것이 만물의 진리임을 밝힌다. 양자 물리학자들이 설명하듯 모든 사물은 압축된 공간 혹은 빛의 존재이다. 만물

---

3) Swami Veda Bharti: bindu.org/svbresearchpage1.html; Swami Rama, 『Exercise without Movement』(Himalayan Institute Press, 1984); Swami Satyananda, 『iRest Yoga Nidra』(Yoga Publications Trust, 1976).

은 서로서로 진동하는 빛나는 현존이다. 이것이 당신이 아이레스트 명상 수련을 통해 깨닫는 것이다.

만들지도 거부하지도 않기

아이레스트 명상 중 당신은 몸과 마음에 일어나는 자연스러운 현상에 세심한 주의를 기울이는 법을 배운다. 아무것도 만들지 않고 거부하지도 않는다.

아이레스트 명상은 자기계발 전략이 아니다. 경청과 환영이 당신의 도구이며, 아이레스트 명상은 당신이 지금과 다른 누군가가 되기를 바라지 않은 채 어떻게 있는 그대로의 당신, 있는 그대로의 삶을 경청하고 환영하며 반응할 것인가를 배우는 과정이다.

아이레스트 명상은 고통으로부터의 자유란 무엇을 자각하든 이와 투쟁하거나 넘어서려는 것을 멈추는 능력임을 이해하고 이를 통해 진실과 힘을 발견할 수 있도록 한다. 감각이 저항에 부딪히지 않으면 호수 표면 위로 물거품이 올라오듯 감각이 자각 안에서 부글거리며 일어났다가 용해된다. 그리고 이것들이 용해되면 우리는 그 밑의 더욱 깊은 수준을 인식할 수 있다. 중요한 것은 우리의 경험에 빠져들지도 억누르지도 않는 것이다.

아이레스트 명상 수련 시 우리는 거친 감각으로부터 매우 정묘한 수준의 에너지로 자연스럽게 나아간다. 예를 들어, 거친 몸의 감각을 인식하는 아이레스트 명상의 첫 번째 단계에서 에너지 몸과 작업하면서 좀 더 미묘한 에너지의 흐름을 자각하는 두 번째 단계로 이행한다.

5단계: 진실 알기-호흡과 에너지에 대한 자각

호흡을 이해하면 해방의 황홀경을 빠르게 맛볼 수 있다.

— 고락샤스트라Gorakhshastra

신체적인 몸에 주의를 순환시키면 무한하면서도 빛나는 진동으로서의 몸, 즉 존재에 대한 이해가 깨어난다. 그리고 이러한 진동하는 장을 경험할 때 처음에는 거친 감각으로 지각하던 것들이 미묘한 수준의 에너지로 바뀐다. 그러면 우리는 자연스럽게 신체적인 몸에 생기를 불어넣고 생명을 주는 미묘한 에너지의 몸(산스크리트어: 프라나마야prāṇāmaya)을 경험한다.

호흡을 알아차림으로써 아이레스트 명상의 다섯 번째 단계인 신체적인 몸에 생기를 불어넣는 에너지 층(산스크리트어: prāṇāmaya = 에너지 층)으로 부드럽게 넘어가게 되는 것이 이 단계이다.[4]

처음에는 호흡에 주의를 둠으로써 에너지 몸과 접촉하고 탐색한다. 인위적인 노력 없이 그저 호흡과 함께 하고 호흡을 따라간다. 들숨과 유지, 날숨과 정지의 자연스러운 순환 속에서 '몸에서 호흡이 수동적으로 일어나는 것'을 관찰하고 경험한다. 어떤 방식으로도 호흡을 바꾸거나 고치려 하지 않는다. 호흡을 그저 저절로 일어나는 움직임으로 알아차리고 경험할 뿐이다. 호흡에 주의를 기울임으로

---

4) 산스크리트어인 프라나는 "현시된 만물의 근저에 놓인 진동의 힘을 내뿜다"는 뜻을 갖고 있다. 게오르그 포이어슈타인George Feuerstein의 『요가백과사전(Encyclopedic Dictionary of Yoga)』(1990)을 참고하라.

써 호흡을 생성하고 신체적 몸에 생명을 주는 미묘한 에너지를 의식하게 된다.

호흡 세기

이 단계에서는 호흡의 자연스러운 움직임을 따라갈 뿐만 아니라 각 호흡을 세어 본다. 호흡 세기는 마음챙김 또는 일념 집중하는one-pointedness 훈련의 한 형태이다. 어떤 일을 할 때, 우리는 그것을 완수할 수 있을 만큼 충분히 머무를 수 있는 마음의 능력를 계발하기를 원한다. 불면증이나 불안에서 벗어나거나 특정한 신체적 질병을 치유하거나 일과 관련된 과제를 성취하거나, 혹은 본성을 깨우려는 노력이 성공하기 위해서는 일념을 유지한 채 머무르는 마음의 능력이 필요하다. 호흡 세기는 집중이 요구되는 동안 산만해지지 않은 채 머무를 수 있는 마음의 능력을 계발한다. 호흡을 셀 때 잡념으로 주의가 산만해질 수 있다. 그런 경우 호흡 세기를 새로 시작하라. 초점을 잃으면 새로 시작하고 또 새로 시작하라. 산만해졌다가 다시 집중하는 일이 반복된다.

이런 연습을 통해 장시간 흐트러짐 없이 주의를 유지할 수 있는 마음의 능력이 단련된다. 연습을 하다 보면 수많은 잡념들이 일어나더라도 기민한 정신을 유지하며 산만해지지 않음을 발견할 것이다. 흐트러짐 없는 주의가 가능해지면 몸의 에너지의 미묘한 움직임을 인식할 수 있다.

감각하기 및 호흡하기

호흡의 움직임을 처음에는 감각의 흐름으로 경험할 수 있다. 그러나 수련을 하다 보면, 몸에서 자연스럽게 일어나는 미묘한 에너지의 흐름을 자각할 것이다. 이것은 몸이 에너지임을 개념적으로 이해하는 것과는 별개이다. 아이레스트 명상은 당신이 이 사실을 경험적으로 깨닫게 해 주는 수련이다.

예를 들어, MP3 녹음에서 날숨과 들숨을 쉴 때, 먼저 좌측 콧구멍과 좌측 몸에서 느끼는 감각과 에너지 흐름에 초점을 두도록 안내할 것이다. 그런 다음 우측 콧구멍과 우측 몸에서 느껴지는 감각과 에너지 흐름에 초점을 두면서 날숨과 들숨을 쉬라고 할 것이다. 이렇게 호흡과 육체에 생명력을 주는 감각과 에너지 흐름을 감지하면서 호흡의 흐름을 관찰하는 행위를 통해 당신은 마음챙김 훈련을 통합한다. 처음에는 마치 껌을 씹으면서 동시에 배를 문지르고 머리를 쓰다듬는 행동을 하는 것처럼 불가능하게 느껴질 수 있다. 그러나 시간이 지나면 내가 그랬듯이, 이 단순한 호흡과 에너지 자각의 연습이 가져오는 경이로운 신체적, 심리적, 영적인 명료성을 알게 될 것이다.

호흡의 자각과 호흡세기에 더해, 고른 호흡과 숨 멈춤 조절 Coherence Breath and Controlled Suspension Pauses이나 웃짜이ujjayī(역주: 요가 수행의 전통적인 호흡법. 숨을 들이쉴 때, 성문을 가볍게 수축하고 내쉴 때 이완하면서 소리를 내는 방법), 찬드라-수리야 베다나chandra-sūrya bhedana(역주: 요가 수행의 전통적인 호흡법. 찬드라 베다나는 오른쪽 콧구멍을 막고 왼쪽 콧구멍으로 들이쉬고 내쉴 때는 반대로 왼쪽을 막고 오른쪽으로 내쉬는 방식. 수리야 베다나는 들이쉴 때는 오른쪽 콧구멍으로 들이쉬고, 내쉴 때는 왼쪽 콧구멍으로 내쉬는 방식)와 같은 전통적인 프라나야마를 비롯하여, 아이레스트 명상 수련 중 활용할 수 있는 수많은 호흡 기술이 있다. 몸과 마음의 필요에 따라 아이레스트 명상 수련 시 여러 가지 방식의 호흡들을 해 볼 수 있다.

6단계: 진실 길들이기-느낌과 감정의 자각

> 옳고 그름을 모두 초월하는 저 밖에 하나의 장이 펼쳐지나니, 그곳에서 만납시다.
>
> — 루미Rumi

몸에 생기를 불어넣는 에너지 흐름을 경험하면 느낌과 감정의 깊은 요소들이 자연스럽게 자각의 표면으로 떠오른다. 이것은 당신이 느낌과 감정의 몸(산스크리트어: 마노마야manomaya) 영역으로 들어섰다는 신호이다. 이 단계에서 우리는 자연스럽게 일어나는 상반되는 느낌과 감정의 쌍, 즉 뜨거움과 차가움, 가벼움과 무거움, 편함과 불편안함, 행복과 슬픔, 분노와 고요, 강함과 무력감(p. 164 예를 참고하라.)을 자각으로 환영하고 초대한다.

광활한 자각

112 이 책을 더 읽기 전에 다음 연습을 해 보라.

- 잠시 당신 오른손에서 느껴지는 감각들을 자각해 보라.
- 그러고는 왼손의 감각을 느껴 보라.
- 이제는 두 손의 감각을 동시에 느껴 보라.
- 이제는 당신 손의 감각에서 이런 감각들이 일어나는 광활한 자각으로 주의를 옮겨 보라.

두 손을 동시에 알아차릴 때 생각하는 마음에 무엇이 떠오르는가? 생각이 멈추고, 행위하는 존재 혹은 '나'라는 감각이 사라지고 자각이 다양한 감각으로 확장되는 것을 관찰하라. 생각하는 마음이 멈추면 자각이 전경으로 바뀌면서 좀 더 쉽게 인식할 수 있다. 적응이 되면 감각이 자각 안에서 일어나면서 자각을 가리키는 예리한 신호가 된다. 이 세 번째 층에서는 신체적 층에서 감각을 다루었던 방식이나 에너지 몸에서 호흡을 다루었던 것과 동일한 방식으로 상반되는 느낌 및 감정과 작업하게 된다.

양극의 법칙

당신이 분리된 에고로서의 나라는 존재의 믿음과 동일시하면서 살아갈 때, 당신은 양극의 법칙the Law of Opposites의 지배를 받게 되는데, 양극의 법칙 안에서는 긍정적으로 여겨지는 모든 것들이 그 반대에 구속당한다. 빛 없는 어둠, 악 없는 선은 존재할 수 없다. 쾌락 없는 고통, 평화 없는 갈등도 없다. 양극은 통일된 자각의 장에서 일어나는 상보적인 극성이다. 양극은 항상 짝을 이루고 있기에 상반되는 것들의 어느 한쪽을 경험하지 못하거나 초월할 수 없을 때, 우리의 고통은 지속된다.

느낌과 감정의 몸을 탐색할 때 삶에서 경험할 수 있는 여러 다양한 느낌과 감정을 자각으로 초대하여 정반대되는 장 안에서 다루게 된다.

예를 들어, 몸에 편안함을 맞이한 후 그와 정반대되는 불편함을 초대한다. 그런 다음 다시 편안함을, 다음에는 불편함을, 그리고 편안함으로 돌아가는 형식으로 두 가지 느낌을 오가다가 마지막에는 두 가지 경험을 동시에 느낀다. 따뜻함-차가움, 가벼움-무거움, 쾌감-고통과 같이 자연스럽게 일어나는 그 외 느낌들에 대해서도 이러한 방식으로 해 본다. 그런 후 상반되는 감정들과 작업해 본다.

고요함과 평화로움의 감정을 느끼다가 그와 반대되는 동요나 분노를 탐색할 수 있다. 또는 기쁨, 행복의 감정을 느낀 후, 그와 정반대인 슬픔, 체념, 절망을 찾아볼 수 있다.

이러한 방식으로 양극의 경험들과 작업할 때, 몸의 어느 부위에서 특정한 느낌이나 감정이 경험되는지 살펴본다. 예를 들어, 회음부와 다리는 종종 안전-공포, 안심-불안, 접지된 느낌-접지되지 못한 느낌과 연결되어 있다. 아이레스트 명상 수련 중 이러한 상반되는 느낌/감정을 오가면서 다리, 골반, 성기, 명치, 가슴, 어깨, 손, 목구멍, 머리 등 관련된 영역에서 일어나는 감각을 알아차린다.

서로 상반되는 느낌/감정과 작업할 때, 충분히 허용하기만 한다면, 모든 경험은 내재된 비이원적인 본성을 알려 주는 신호일 뿐만 아니라 본성 자체라는 분별력 있는 통찰을 얻게 된다. 아이레스트 명상은 질병, 고통을 유지시키거나 해결하는 데 작용하는 서로 상반되는 경험들이 가진 변용의 힘을, 깨달음을 얻고 고통을 종식시키는

데 양극을 활용하는 것을 중요하게 생각한다.

두려움 없음

억압되고 해결되지 않은 느낌이나 감정은 무의식에 저장된 채 신체적, 정신적 불안을 야기한다. 함께 하고 싶지 않은 느낌과 감정은 수없이 많고 그것들이 갑자기 찾아올 때 우리는 거부한다. 그런 느낌과 감정이 일어날 때 우리는 종종 반응적, 방어적인 태도를 취하면서 도망간다.

아이레스트 명상 과정은 이러한 억압과 혐오를 인식하고 초대하며 수용하도록 도와준다. 소위 말하는 '긍정적' 혹은 '부정적' 감정이 일어날 때, 거부하기보다는 직면하고 반기고 초대하게 한다. 아이레스트 명상은 두려운 느낌을 두려워하지 않고 안전하지 않다는 느낌에 불안해하지 않으며, 기쁨, 개방, 취약한 느낌에 저항하지 않는 법을 가르쳐 준다.

우리가 상반되는 느낌과 감정을 있는 그대로 환영할 때, 그 느낌과 감정은 자연스럽게 탄생, 성장, 유지, 쇠락, 소멸의 단계를 거치고 결국에는 해체되어 존재의 본향으로 돌아간다. 느낌과 감정은 그저 지나가는 현상이며, 몸과 마음에서 자연스럽게 일어나는 움직임이다. 아이레스트 명상은 강한 느낌, 감정이 존재하든 존재하지 않든 늘 존재하고 있는 우리의 타고난 안정성의 근원과 만나게 한다.

아이레스트 명상 수련을 지속하다 보면 우리의 타고난 근원적 평정심이 매일의 생활 속에 존재함을 인식할 수 있다. 공포나 기쁨의 느낌을 두려워하지 않을 때, 두려움 없는 마음이 당신의 삶 전체에

115

스며듦을 깨달을 것이다. 존재하는 느낌을 그대로 받아들이면, 애착도 혐오도 더 이상 당신의 삶을 지배하지 못하고 존재의 편안함 속에 지내게 되며 이는 당신의 몸과 마음에 깊은 이완과 명료함을 불러일으킨다. 판단하는 마음은 그 힘을 상실하고 '자기'와 '타인'에 대한 자비로운 사랑이 피어난다.

다음은 집중수련회에 참가하여 아이레스트 명상 중 다양한 느낌, 감정을 만난 한 여성의 경험담이다.

아이레스트 명상 수련 중 극도로 당혹스러운 생각과 느낌이 나를 덮칠 수 있을 것이라고는 생각조차 못했다. 그 생각은 성적 취향, 언급할 수 없는 신체부위와 같이 느끼고 싶지 않은 모든 종류의 것들이었다! 적어도 나처럼 점잖은 여성에게는 아니었다! 리처드 박사는 중요한 문제는 그 단어들 자체가 아닌 수치심, 당혹스러움과 같이 그 단어들이 불러일으키는 감정이라고 설명했다.

그러나 그 단어들 자체가 주는 힘과 당혹감이 너무 커서 그 단어들을 느끼지 않을 수 없었다. 그러지 않았다면 나는 스스로를 검열하며 진실해질 수 없었을 것이다.

금기의 것들을 느낄 때마다 심장이 두근거렸다. 무서웠고 당혹스러웠다. 그러나 그것들을 느꼈다. 느끼지 않는 것은 견딜 수 없이 괴로웠다. 궁금했다. "금기의 것들을 앞으로 얼마나 더 느껴야 벗어날 수 있을까? 끝나지 않는 것은 아닐까?" 그래서 언급조차 할 수 없는 이것들을 다루기 위해 아이레스트 명상으로 많은 시간을 보냈다. 누가 아이레스트 명상을 지복이라고 했나? 나로서는 오히려 전투를 시작하는 느낌이었다.

그리고 어떻게 되었을까? 내가 느끼는 진실에 머물러 있게 되자 힘을 느꼈다. 나는 피하거나 도망치지 않은 채 진실에 머물면서 수련하게 되었고 해방감을 느꼈다. 나는 이제 사람들과 함께 할 때 좀 더 편해졌음을 알아차린다. 그들을 피하지 않고 수치심이나 창피함 없이 그들 눈을 바라볼 수 있다.

이전에는 사람들과 함께 있을 때 느끼는 불편함의 원천을 전혀 알지 못했다. 아이레스트 명상 수련 중 나에게 분리감을 준, 거절당한 부분들, 즉 나의 성적 취향이 나에게 찾아와 "문을 열어 줘. 나는 너야. 거부하지 마."라고 했다. 나는 이 부분들을 받아들였고 이제는 리처드 박사가 언급했던 '차 한잔의 대화를 나누기' 위해 들어오길 원하는 메신저가 어떤 의미인지 이해한다. 바로 나 자신이지만 내가 거부한 것들이 다급하게 문을 두드려 들여보내 주기를 요청하였고, 그 결과로 나는 치유되고 온전하며 완전하다고 느낀다.

필요에 따른 맞춤식 수련

일단 아이레스트 명상에 익숙해지면 당신의 개인적 필요에 맞게 수련을 조정하고 싶을 것이다. 예를 들어, 느낌과 감정의 몸의 단계를 준비할 때, 당신에게 즐거움을 주는 경험뿐만 아니라 받아들이기 힘든 느낌이나 감정 몇 가지를 골라 보라(예시는 pp. 164~165에 있으니 참고하길 바란다). 그리고 수련 전에 상반되는 느낌이나 감정과 짝지어 보고, 아이레스트 명상 수련 중 이를 다루어 보라. 예를 들어, MP3 녹음 중 느낌과 감정을 초대하는 부분에서 내가 이야기하는 느낌과 감정의 단어들을 자신만의 단어들로 바꿈으로써 필요에 따라 당신의 수련을 창조적으로 구성할 수 있다.

분리의 신화

이원성은 양극으로 된 스펙트럼 전체로 되어 있으며, 본성이라는 통합의 장 내에서 일어난다

감각과 마음이 비이원적인 존재를 분리된 대상으로 분열시키면서 이원성이 생긴다. 나눌 수 없는 것을 나누는 것은 감각과 마음의 자연스러운 작용이다(산스크리트어: 마야^{māyā}, 분리시킬 수 없지만 겉보기에는 분리된 것처럼 분리하는 마음의 능력). 그리고 당신의 마음이 이 분리를 실제라고 믿을 때 어려움이 발생한다.

분리가 실제이자 존재하는 유일한 현실이라고 믿을 때 고통과 갈등이 함께 일어난다. 아이레스트 명상은 이런 분리의 신화를 치유하는 효과적인 도구이다. 상반되는 것들을 초대하는 데 중점을 두는 아이레스트 명상의 힘은 분리에의 뿌리 깊은 믿음을 치유하지 않고는 갈등, 불안, 두려움, 불만족, 고통을 불식시킬 수 없다는 통찰을 기반으로 한다.

상반되는 것들의 쌍에서, 예를 들어 슬픔 대 기쁨, 수치심 대 효능감의 한쪽만 경험할 때 우리의 경험에 갇힌 채 앞으로 나아가지 못한다. 감각, 느낌, 감정, 믿음의 영역에 있는 모든 상반되는 쌍들, 예를 들어 수치심과 효능감, 슬픔과 기쁨, 분노와 평온함을 경험하는 것을 배움으로써 제한된 믿음과 경험을 해체하고 넘어설 수 있다. 우리의 경험으로부터 벗어나려는 노력을 멈추고 대립되는 것들 전체를 받아들일 때, 심리적, 신체적, 영적 통합이 자연스럽게 시작된다.

에고 정체성^{Ego Identity}으로 인해 분리가 유지된다

에고로서의 나^{ego-l}는 세계를 '자기'와 '타인'으로 분열시킨 마음의 산물이다. 에고 정체성은 대립되는 것들의 상호의존을 인정하지 않는데, 왜냐하면 이에 대한 인정은 분리라는 실존의 종말을 의미하기 때문이다. 따라서 에고로서의 나라는 마음은 다양한 양극의 것들에 집착하거나 회피하려 하면서 부조화, 갈등, 고통을 일으키는데, 상반되는 것 중 하나를 없애려는 시도는 다툼과 불협화음만을 야기한다.

명상은 당신이 갈등의 시작과 끝을 변화시켜야 한다는 전제를 기반으로 한다. 당신이 아닌 누군가가 되려는 태도는 당신에게 바로잡아야 될 잘못된 뭔가가 있다는 믿음을 부추긴다. 이런 태도는 결국 실패한다. 이는 분리만을 믿는 구분하려는 마음의 산물이다. 비탄과 기쁨, 수치심과 자긍심, 슬픔과 행복, 두려움과 안전감과 같은 삶의 모든 변화를 환영할 때 비로소 당신은 정반대의 것들을 넘어서서 진정한 자유를 발견할 수 있다.

"해야 한다"는 독재자

마음은 본래 현재의 생각, 느낌, 감정과 동일시한다. 그중에서도 가장 깊은 마음의 신념은 분리된 에고로서의 '나'가 존재한다는 것이다. 이 신념은 위협을 감지할 경우, "나는(너는)~해야 한다/하지 말아야 한다."로 표현되는 방어적인 반응을 하게 만든다. 이런 "해야 한다/하지 말아야 한다."는 독재는 양극의 한 극단만 고수한 채 불안정한 평형상태를 유지하려는 마음의 방식이다. 예를 들어, 죄책감이

119

나 수치심에만 매달리는 것은 강력하게 대응할 수 있다는 느낌이나 참여하려는 결심을 막는다. 절망에 매달리는 것은 기쁨에의 의지를 막는다. 분노에 사로잡히면 침착성, 회복에의 의지가 차단된다. 상반되는 경험의 쌍에서 한쪽에 사로잡히는 것은 에고로서의 나라는 마음의 믿음을 유지시킨다.

상반되는 것들을 환영하기

아이레스트 명상은 정신적 재료들이 그에 수반되는 감각, 감정, 믿음과 함께 생겨났다가 완결되는 경험을 허용함으로써 의식의 모든 내용물을 환영할 것을 강조한다. 이러한 환영의 태도를 취하면 방어적인 전략들이 드러난다. 환영을 통해 혼란스럽고 방향성을 잃거나 압도되는 위협적인 감각, 느낌, 믿음을 거부하려는 자기패배적 패턴을 통찰할 수 있다.

환영은 에고로서의 나가 취하는 전략이 아니다. 환영은 당신의 타고난 비이원적인 본성의 본질적인 몸짓이다. 처음에는 '당신'이 환영하는 '행위'를 한다고 믿을 수 있지만, 아이레스트 명상 수련을 하면서 환영이 당신의 본성이라는 걸 인식하게 될 것이다.

상반되는 것들을 환영하면, 환영 자체의 형태, 내용 및 환영이 선사하는 평정심의 속성에의 탐구로 주의가 옮겨진다. 그럴 경우, 강조점이 변화되는 의식의 내용에서 자각, 존재, 즉 본성으로서 내재된 현존으로 바뀐다. 배경이었던 존재-자각-현존이 전경이 되어 주시자이면서도 주시되는 것, 주체이면서 객체가 된다.

7단계: 진실을 타고 집으로 돌아가다 ─지성의 몸에 대한 자각

> 마음의 성질을 자세히 살펴보라, 그러면 그것은 사라질 것이다. 생각이 변할 뿐 당신은 변하지 않는다.
>
> ─ 라마나 마하리쉬^{Ramana Maharshi}

상반된 감정을 탐색하다 보면 믿음, 이미지, 기억과 전체 이야기가 저절로 떠오른다. 이는 지성의 몸(비갸나마야^{vijñānamaya})으로 들어섰다는 신호이다. 여기에서 믿음, 이미지, 기억은 무의식적인 개인, 집단, 원형적 힘과 연합되어 나타난다. 믿음과 이미지는 긍정적인 생각, 이미지, 기억으로부터 매우 어둡고 부정적인 것들까지 광범위하고 다양하게 나타난다. 좋고 사랑스러운 기억을 불러일으키는 믿음이나 장면을 경험할 수도 혹은 혼돈, 파괴, 죽음이 함축된 믿음, 장면을 경험할 수도 있다. 이전과 마찬가지로, 우리는 긍정적인 믿음이나 이미지를 부정적인 것과 의도적으로 짝지은 후, 그 어느 쪽에도 집착하거나 저항하지 않고 편안하게 머물 수 있을 때까지 양극을 오간다. 그런 다음 두 가지를 동시에 초대한다. 이 시점에서 상반된 것들은 당신이 생각지도 못했던 높은 수준의 이해 속에서 해결된다.

아이레스트 명상 속에서 모든 것이 우리의 본성이라는 다이아몬드의 단면임을 이해하면서, 삶이 우리에게 제시하는 모든 가능한 경험을 환영하는 법을 배운다. 마음은 "이것이 어떻게 본성의 한 측면이란 말인가?"라고 외치며 저항할 수도 있다. 이는 구분 짓는 마음

121

을 통해서, 두 개가 아닌 것[산스크리트어: 아드바이타^{advaita}(역주: 불이 일원론: 베단타학파의 철학적 입장. 개별적 자아나 영혼은 환영일 뿐, 존재하지 않으며 우주의 본체인 브라만과 개인의 본체인 아트만은 동일하다는 범아일여 사상)]을 여러 개로 분리하여 유지시키는 마음의 방식이기도 하다.[5] 그러나 매 상황에는 그와 완벽히 짝을 이루는 반응이 있음을 기억하라.

진실을 인식하면 마음의 저항이 사라진다. 그러면 언제나 옳은 행동이 드러난다. 우리가 상반된 것들에 저항하지 않을 때, 우리가 매 순간을 환영하고 가슴이 진실로 알고 있는 행동을 할 때, 상반된 것들은 그것을 가리고 있던 깊은 진실 속에서 해결된다. 우리가 방향을 잡으면, 진실은 언제나 타고난 본성을 예리하게 가리킨다.

진실의 메신저

우리의 믿음과 기대에는 긍정과 부정이라는 서로 반대되는 측면들이 모두 들어 있다. 예를 들어, 내담자나 학생이 약속시간에 정확히 맞춰 올 것이라고 기대한다면, 나는 한 주를 편안하고 체계적으로 시작할 수 있다. 이것이 나의 믿음의 긍정적인 면이다. 만일 내담자나 학생이 반복해서 늦거나 약속을 지키지 않는다면 짜증이 날 것이고, 이러한 짜증은 그들이 정시에 올 것이라는 나의 기대가 한계에 도달했으며, 이 부분을 내담자나 학생에게 명확히 해야 함을 알려 주

---

5) 모든 것이 하나라고 단언할 경우, "둘이 있다"라는 대립되는 전제가 함께 존재하게 된다. 그러나 "둘이 아니다"라고 할 경우, 대립되는 것이 없으며 이것이 바로 우리의 본성이다.

는 메신저이다. 이는 나의 기대에 부응하는 긍정적인 행동이다.

만일 나의 마음이 그가 '반드시' 정시에 와야 한다는 기대에 집착한 채, 내담자나 학생이 약속을 어긴 것에 대해 당연한 듯이 화를 낸다면 기대의 부정적인 측면을 보는 것이다. 상황에 상응하는 정당한 분개를 느끼고 있다고 생각할 수 있으나 나는 그를 나의 기대 때문에 비난하고 있는 것이다. 짜증이 일어나는 것은 내담자나 학생의 행동 때문이 아니라 나의 기대에 대한 마음의 집착 때문이다.

아이레스트 명상 수련 시 지성의 몸을 탐색할 때, 당신은 부정적, 긍정적인 믿음과 함께 상반되는 믿음을 환영하고 탐색하는 것을 배우면서 어떤 믿음에 대한 집착이나 저항은 내면과의 조화로운 행동을 제한한다는 것을 알게 된다. 상반되는 생각, 믿음, 기대 및 이미지에 귀를 기울이는 것을 배우면서 당신은 이를 진실과 올바른 행동을 알려 주는 메신저로서 환영하는 법도 배워 간다.

아이레스트 명상 MP3 녹음을 들을 때, 나는 당신이 아이레스트 명상 워크시트(pp. 152~162)를 작성하면서 찾은 자신만의 개인적인 믿음 및 그와 상반되는 것들과 작업하도록 안내한다. 믿음은 "○○는 약속시간을 반드시 지켜야 한다."와 같은 단순한 기대가 될 수도 있고 "나는 위선적이야." "진실한 감정을 표현하는 것은 위험해." "나는 결함이 많고 가치가 없고 사랑받을 만하지 않아." "아무도 내 말에 귀 기울이지 않아." 혹은 "나는 무엇이 옳은지 항상 알고 있어."와 같이 오랫동안 지녀 온 태도일 수도 있다. 예를 들어, "나는 사랑받을 만하지 않아."는 "나를 사랑하고 소중하게 생각해."와 짝지을 수 있다. "나는 부족해."는 "매 순간 내가 할 수 있는 한 최선을 다하고 있어."와 짝지을 수 있다.

아이레스트 명상에서 수잔은 집착하지도 거부하지도 않은 채 수치심, 에너지의 부족을 환영하는 것을 배우고 있었다. 그녀는 수치심과 피로감을 초대하고 몇 분 뒤, 상반되는 감각을 찾다가, 그녀가 5세였던 시기를 기억하면서 몸이 에너지와 활력으로 차오름을 느꼈다. 그녀는 집착 없이 이 느낌들을 환영했다. 그런 후 수잔은 수치심과 효능감이라는 상반되는 경험들에 주의를 순환시키기 시작했다. 몇 번 교대로 주의를 둔 이후 이 상반된 감정들을 동시에 경험했다.

그녀는 수치심과 압도되는 느낌을 야기한 무력함, 혼돈 속에서도 장난기가 강력하게 일어나는 것을 체험하면서 통찰과 통합이 일어났다. 수잔은 이후 이 상반된 경험들을 유지하면서 느꼈던 에너지의 전환 덕분에 수치심을 일으키는 기억이 떠오르는 순간에도 힘과 생기를 회복하고 체화할 수 있었다고 설명했다. 아이레스트 명상 이후, 수잔은 새로운 확신을 느끼고 스스로에게나 자신의 기억에 대해 자애와 자비심을 가진다고 이야기하면서 빛나고 있었다.

믿음을 그에 수반되는 이미지, 기억, 느낌 및 감정과 짝짓는 것은 중요하다. 삶이 우리에게 부과하는 것이 무엇이든, 본연의 능력을 회복할 수 있도록 아이레스트 명상 수련 시 의도적으로 불안한 기억, 이미지, 감정을 불러온다. 우리는 혼돈과 혼란이라는 격동의 파도를 멈출 수는 없지만 그것을 타고 항해하는 법은 배울 수 있다. 아이레스트 명상 수련은 당신의 돛단배, 교사, 항해, 교습 모두를 일체화한 것이다. 놀랄 준비를 하라. 당신이 맞닥뜨리는 어떤 상황에도 본성은 창조적인 해결책을 알고 있다는 사실로 인해 기쁨, 놀라움, 경이로움에 빠질 것이다.

본성의 기본적 성질

아이레스트 명상의 이 단계에서는 감사, 사랑, 기쁨, 안녕감, 자비와 같은 본성의 근본적인 속성들을 초대하고 환영하고 체화한다(서로 반대되는 경험의 목록은 p. 156 상단을 보라). 예를 들어, "나의 의지가 아닌 당신의 의지대로 하소서."와 같은 구절이 환기시키는 느낌에 자신을 맡긴 채 자아초월적 의지를 체화할 수 있다. 혹은 "나는 자비 그 자체이다."라며 자비의 느낌을 초대한 후 이와 상반되는 성질인 질투나 판단과 짝지어 볼 수 있다.

근본적인 성질들 및 그와 상반되는 것들을 탐색하다 보면 무의식 깊이 잠재되어 있는 잔여물들이 풀려 나면서 자각이 일어난다. 이 잔여물들을 자각의 빛 안으로 들여와 환영하면 이것들은 확장되고 해체되면서 편안함, 평화, 기쁨의 느낌으로 대체되어 궁극적인 근원과 당신의 본성(순수 자각—존재—현존 혹은 정수)이 드러나게 된다.

8단계: 초월적 진리—지복체의 자각

> 만물을 있는 그대로 환영할 때, 경이감, 놀라움, 즐거움과 함께 사랑,
> 자비, 기쁨이 피어난다.
>
> — 리처드 밀러Richard Miller

욕구, 쾌락, 평화, 기쁨이 일어날 때 지복체(아난다마야ānandamaya)가 지배하는 영역으로 들어간다. 이들과 연결된 상반된 성질들을 환

기시키면 이런 움직임이 해방되어 자각을 돕는다. 그러나 궁극적으로 진정한 평정심은 감정, 신념, 기억, 기쁨이라는 모든 움직임과는 별개로 존재한다는 사실을 아이레스트 명상은 밝혀 준다.

그러나 우리의 조건화는 그렇지 않다고 말한다. 기쁨은 어떤 대상, 예를 들어 장난감, 애인, 직업, 차, 초콜릿 같은 소유물에 달려 있다고 우리는 배웠다. 그러나 진정한 기쁨과 평정심은 우리의 타고난 권리이자 항상 존재하는데도 불구하고 구분 짓는 마음이 만든 베일 뒤에 숨어 있다.

본성을 오인할 때 우리는 생각 및 감정과 동일시한 채 살아가는데, 생각과 감정은 기쁨과 만족이 환경에 의존한다고 말한다. 행복을 위해 성취할 필요가 있는 것이 결핍된 행위자로 스스로를 믿을 때, 당신은 본성과 분리되었다고 확신하며, 그런 메신저(갈등, 스트레스, 곤경, 괴로움)는 곧장 당신의 문을 두드리면서 행복이 어떤 대상에 의존한다는 믿음에 사로잡혀 있음을 알려 준다.

지속적인 기쁨과 평화를 가져오는 경험을 추구하는 것은 기쁨과 평정심이 이미 존재한다는 표식을 놓치고 있는 것이다. 지복체 속으로 탐구해 들어갈 수록 우리는 어떤 대상도 없고, 모든 대상으로부터도 독립되어 있는 기쁨 속에 사는 것을 발견하고 그렇게 살도록 배운다. 그때 비로소 가장 격동적이고 도전적인 환경 한가운데서도 평정심이 항상 존재한다는 인식이 깨어난다.

아이레스트 명상의 이 단계에서 우리는 체현된 경험으로서의 기쁨, 평화, 만족감을 불러일으키는 기억을 떠올린다. 그런 다음 기억들을 포기하고 항상 존재하고 변하는 경험과 무관하게 존재하는 평정심을 인식하는 것을 배운다.

소니아는 솔직해지는 것에 대한 두려움으로 인해 좌절한 채 살고 있었다. 그녀는 "내가 잘 해내면 사랑받을 것이다."라고 믿고 있었다. 그녀는 스스로를 불신했으며 "보잘것없고 무가치하며 무능력하다."라고 느끼고 있었다. 고립되고 무력하다는 느낌과 동일시하는 삶을 살고 있었다.

아이레스트 명상 동안에 소니아는 작은−큰, 무가치한−강한, 무능력한−능력 있는 같은 정반대 성질들에 번갈아 주의를 두는 법을 배웠는데, 이는 고립감과 친밀감의 느낌을 견딜 수 있는 능력을 향상시켜 주었다. 그녀는 주시하는 자각−현존으로서의 자기 자신에게 조율하는 방법을 배웠는데, 이는 자신의 모든 경험을 환영하는 넉넉한 그릇이 되는 능력을 키워 주었다.

자신의 경험 중 상반되는 성질들을 동시에 견디면서 소니아는 "있는 그대로의 나는 괜찮다."라는 진심 어린 이해를 갑자기 체화할 수 있었다. 가혹하게 판단하는 분리된 에고로서의 나$^{ego-I}$로부터 본질로서의 나$^{I-ness}$로 그녀의 정체성이 돌연히 이동하였는데, 이 경우 판단은 일어나지만 그 판단들은 반응적 표현이나 방어적 거부감 없이 환영을 받았다. 스스로와 긴밀하게 연결되는 내부의 느낌 감각$^{felt-sense}$을 되찾음에 따라 자기소외가 해소되었다.

소니아는 새롭게 발견한 자기수용과 더불어 기쁨을 경험하기 시작했다. 소니아에게 더 놀라웠던 것은 기쁨과 자기수용은 배경에 항상 존재하고 있었던 본질로서의 평정심으로서, 어린 시절부터 쭉 자신과 함께 있었다는 사실을 갑자기 깨달았을 때였다. 그녀 주의의 전경을 차지하고 있었던 생각, 정서와의 동일시로 인해 본성의 이런 측면을 무시하고 있었을 뿐이었다.

이런 유형의 기쁨과 평정심을 처음에는 이해하기 어려웠는데, 왜냐하면 어떻게 기쁨과 평정심이 우울, 슬픔, 분노, 피로의 느낌과 더불어 공존할 수 있는지 이해할 수 없었기 때문이었다. 의심이 일어났지만 믿음을 가슴속에 품고 나는 확고부동하게 아이레스트 명상을 수련했으며 고대인들이 옳았다는 사실을 깨달았다. 그 어떤 것이 존재해도 평정심과 기쁨은 그것과는 무관하게 존재했다. 아이레스트 명상은 수십 년 동안 내 마음이 격렬하게 부정해 왔던 것들을 드러내 주었다. 그러니 제발 아이레스트 명상 과정에 대한 믿음과 신뢰를 갖길 바란다. 인내심을 가져라. 꾸준히 수련하라. 인내심을 갖고 해 나가라. 기쁨, 평화, 평정심은 인간인 당신의 근저에 깔려 있는 기본구조임을 깨달을 때까지 중단하지 말라.

9단계: 진실과 자기초월―에고체의 자각

> 탐구를 통해 마음은 침묵 속에 잠기고 깨달음이 자연스럽게 일어난다.
>
> ― 요가 바시스타Yoga Vasiṣṭha

당신은 경험하는 모든 것을 자각하고 있다. 감각, 감정, 생각, 기쁨은 자각 안에서 일어났다가는 사라진다. 아이레스트 명상은 자각 속에서 왔다가 사라지는 대상들과 자각 자체의 차이를 구분할 수 있는 분별(산스크리트어: 비베카키야티vivekakyāti)의 예술을 가르친다. 미묘한 구별이 가능한 능력은 아이레스트 명상의 결정적인 시점으로 데려가는데, 여기에서 당신은 에고체(산스크리트어: 아스미타마야

asmitāmaya)의 문턱에 서게 된다. 이 단계에서 우리 자신이 그렇다고 여기는 분리된 에고로서의 나 또는 자아가 가진 성질을 숙고하게 되는데, 이것은 자각 속에서 끊임없이 왔다가 사라지는 무수히 변하는 감각, 느낌, 감정, 생각, 이미지, 기억들을 주시하고 경험하고 있다.

비행위로의 위대한 전환

아이레스트 명상의 이 단계에서는 내가 '비행위로의 위대한 전환 Great Turn of Undoing'으로 부르는 것으로 초대되는데, 여기에서는 자각 속에 존재하는 대상을 향해 밖으로 향했던 당신의 주의는 주의 자체로 되돌아와 분리된 주시자로 스스로를 믿었던 이 '나'의 성질을 탐구하게 된다. 주시자가 방향을 돌려 환영하는 자가 스스로를 환영할 때 엄청난 깨달음이 베일을 벗는다. 분리된 주시자로서 동일시되었던 에고로서의 나라는 감각이 주시하고 있음Being Witnessing으로 녹아든다.

주시하고 있음 안에서 당신은 명사로서의 주체에서 동사로서의 과정으로 이동한다. 여기에서 분리된 주시자 주체인 에고의 나는 유지될 수 없다. 그것은 그것의 근원, 본질 즉 본성으로 녹아든다. 스스로 이것을 경험하라.

잠시 멈추고 그저 존재하라. 특정한 감각, 소리, 광경에 주의를 두지 말라. 단순히 그저 존재하는 것에 마음을 열라. 마음이 어떻게 멈추고 생각이 녹아내리는지, 처음에는 존재 '안'에서 나중에는 존재 '로서' 흡수되는 것을 관찰하라. 광활함이 전개된다. 실제로 '당신'이 확장되는 게 아니다. '당신'은 그저 그동안 쭉 그래왔던 것으로 돌아갈 뿐이다. 무한하고, 한계가 없고, 광활한 현존으로 돌아갈 뿐이다.

사랑, '나'의 신체적 위치

아이레스트 명상의 이 단계 동안에는 시공간 속에서 출현했다가 사라지는 것으로 인식되는 에고로서의 나와 만물에 스며 있는 불변의 본성인 나의 본질, 순수한 에센스 간의 차이를 구분하는 법을 배운다.

아이레스트 명상의 단계에서 우리는 스스로에게 조용히 '나······ 나······.'라고 반복하면서 이 단어가 내는 소리가 몸에서 어떻게 공명하는지 느껴 본다. '나······ 나······.' 처음에는 머릿속에서만 이것이 경험될 것이다. 분리된 에고로서의 나로서 일어나는 동일시는 우리의 분리감을 유지하는 생각하는 마음에서 출발하였다. 그러나 대명사 '나'는 특이한 소리 수단이다(산스크리트어: 만트라^{mantra} = 분리를 초월하는 데 사용하는 소리 수단).⁶⁾ 제대로 사용하면 마음이 분리감을 만들고 유지하는 에고로서의 나라는 생각과 동일시되는 것을 막는 방법이 된다.

아래 내용을 실험해 보라

당신의 이름을 다음과 같이 몇 번 조용히 반복해 보라(당신 이름으로 바꾼다). "나는 리처드다······ (멈춤) 나는 리처드다······ (멈춤) 나는 리처드다······(멈춤)······." 이런 식으로 당신의 이름을 부르는 것

---

6) 산스크리트어: man=생각하다, tra=도구. 만트라는 생각하는 마음을 초월하고 분리의 신화를 치유하는 데 사용되는 소리 수단이다.

은 분리된 대상으로서 마음의 동일시를 강화한다.

그런 다음 이름을 빼고 이렇게 조용히 반복한다. "나는…… (멈춤) 나는…… (멈춤) 나는…… (멈춤)……." 머리에서 가슴으로 느낌과 정체성이 미세하게 변하는 것에 주목하라.

그런 다음 '는'을 빼고 조용히 "나…… (멈춤) 나…… (멈춤) 나…… (멈춤)……."라고 반복해 보라.

그런 다음 '나'를 빼고 마음이 일어나서 분리를 만들기 전에 그저 존재해 보라.

위치가 정해진 가슴에서 광활한 개방성(위치가 있으면서도 위치가 없는, 모든 곳에 스며 있는 우리의 진정한 가슴)으로 미세하게 이동하는 것에 주목하라. 이런 방식으로 사용하면 대명사 '나'는 은유적으로 표현해서 자기탐구의 불을 지피는 데 사용하는 나무막대와 유사할 수 있다. 자각이라는 불 속에서 마침내 나무막대는 타 버린다. 모든 단어들이 본성을 가리키는 동안 '나'는 더없이 훌륭한 포인터가 된다.

뇌에서 생각이 일어나 분리가 생기기 전 당신은 본질로서 분리되어 있지 않은 채 살아가는데, 이 본질은 보통은 가슴(아나하타anāhata: 치지 않고 나는 소리)과 관련된 사랑의 느낌으로서 몸에서 공명한다. 아이레스트 명상은 독립적으로 존재하는 본성의 근본적 성질로서의 사랑을 인식할 수 있는 능력을 개발시킨다. 당신의 에센스는 완전무결한 사랑이라고 말할 수 있다. 에고체를 탐색하면서 '나'의 느낌을 그 근원까지 추적해서 당신의 현존인 사랑을 발견하는 법을 배운다. 나라는 생각 이전, 생각하는 동안, 생각 이후에도 존재하는 사랑, 당신의 생각이 세상을 분리된 '자기'와 '타인'으로 구분하기 이전에 존재했던 사랑 말이다.

발가벗은 진실

'나'라는 생각이 사랑 속에 녹아들 때 우리는 비행위로의 대전환이 주는 궁극적인 영향력을 경험한다. 여기에서 '나'는 발가벗은 채 완전무결한 본질로서 인식되며 그 본질은 스스로를 알려는 분리된 에고로서의 나를 필요로 하지 않는다. 그것은 이미 스스로를 인식하고 스스로를 알고 있다.

에고체로부터의 탈동일시는 분리가 무너지는 결과를 낳는다. 분리는 모순으로 인식된다. 은유적으로 말하면 모든 '대상'은 금으로 만들어진 대상과 같다. 금반지, 금팔찌, 금잔, 금접시는 모양은 다르지만 그 원료는 금이라는 점에서 똑같다. 나무, 사람, 동물, 산, 행성, 별은 서로 다르게 보이지만, 궁극적으로 그 원천은 본성이라는 점에서 같다.

몸과 마음은 본성의 다른 측면이다. 6개의 껍질로부터 탈동일시하면 본성이 베일을 벗고 빛나서 스스로의 얼굴을 되비추는 무한한 측면 모두에서 스스로를 인식한다. 우리는 분리된 대상을 관찰하는 분리된 관찰자가 아니다. 이런 입장은 모순이자 논리적으로는 부조리한데, 왜냐하면 인식자로서의 '나'는 인식되는 '나' 또는 인식하고 있는 '나'로부터 분리되어 있지 않기 때문이다. 인식자, 인식행위, 인식된 것은 동시에 일어난다. 분리되었다고 상상하는 것은 오로지 생각일 뿐이다.

정신이 흩어지지 않은 상태로 이런 역설을 살아간다면 분리의 구조 전체가 무너진다. 마음으로 인해 구축된 분리된 주시자는 주시자도, 주시되는 대상도 없는 순수한 본질로 용해된다. 주시하고 있는 것만 남는다. 인식자도 없고 인식하는 행위만 있다. 생각하는 자도 듣는 자도 없다. 생각하고 듣는 행위만 있다. 이원론적인 상반된 성질들이 본성의 고향 속으로 녹아든다. 주체와 객체가 하나로 녹아들 때 시간을 초월한 에센스만 남는다. 주시자 없이 주시하는 행위, 환영하는 자 없이 환영하는 행위, 행위자 없는 행위만 남는다. 그 어디에서건 분리를 발견할 수 없다.

은총

본성을 흘낏 일별하는 경험이 왔다가는 사라진다. 종종 왔을 때만큼이나 빠르게 사라져 간다. 그런 일별은 존재로서 살아가는 긴 시간에게 길을 내주고, 그것은 궁극적으로 현존하는 존재에게 길을 내주며 그 후에는 자각에게, 그 후에는 깨어남, 자기실현 또는 깨달음, 본성의 진실이 스스로에게 스스로를 충분히 드러내는 근본적인 변형의 무시간적 순간에게 길을 내준다. 그때조차도 의심하는 마음이 깨닫게 된 진실로 완전히 녹아들 때까지는 시간이 걸린다.

본성을 일별할 때, 마음이 갖고 있는 자연스러운 습관적 경향이 지속되어, 한동안은 분리된 행위자로서의 정체성을 재주장한다는 사실을 이해하라. 도공이 물레를 떠난 후에도 물레가 계속 돌아가듯이, 마음은 분리된 실체로서 스스로를 생각하는 조건화된 습관을 계속할 수 있다. 그러나 깨어나면(깨달음) 이런 습관은 분명하고 노골적으로 드러난다. 지속적인 탐구는 분리에 대한 마음의 신념이 남긴 마지막 찌꺼기를 녹여 내서 변치 않는 에센스의 중단 없는 지속이 일상이 된다. 그렇게 되면 당신은 아이레스트 명상의 영원한 깨달음, 눈

133

부시게 아름다운 당신의 본성 안에서 살아간다.

이 과정에서 마음은 이런 일별에 대해 책임이 있다고 생각하면서 스스로를 속여 "수련을 통해 완성된다."고 생각하는 습관에 빠진다. 그러나 이것은 잘못된 생각이다. 만물이 둘이 아님(산스크리트어: 아드바이타^{advaita}, 둘이 아니다)을 이해하면 어떤 수행이건 수행에 책임을 지는 분리된 나라는 에고 또는 행위자는 없음을 깨닫는다. 모든 것이 은총(산스크리트어: 아누그라하^{anūgrāha})임을 깨닫는데, 이는 본성의 또 다른 근본 성질이다.

은총은 어디에나 있으며, 모든 것이 은총이기 때문이다. 온갖 돌, 온갖 나무들이 은총이다. 모든 감각, 생각, 감정이 은총이다. 망각도 은총이요, 기억도 은총이다. 깨어나려는 욕망과 능력도 은총이다. 깨어나지 못하는 것 또한 은총이다. 어린아이의 고통도 은총이요, 기쁨에 젖은 아이도 은총이다. 평화도 은총이요, 전쟁조차도 은총의 또 다른 얼굴이다.

모든 것이 은총이라는 인식은 변치 않는 평화와 평정심을 선사하는데 이 또한 은총으로 인식된다. 은총은 온갖 상황에서 완전한 반응과 짝을 이룬다. 이러한 이해를 체득하면 고통은 끝이 나는데, 왜냐하면 마음이 방어하면서 특정 상황하에서만 은총이 있다고 상상할 때만 고통이 발생하기 때문이다.

아이레스트 명상은 수련을 향한 욕구와 자발성 그리고 마침내 본성에 대한 깨달음은 활동 중에 있는 은총임을 드러내 준다. 분리의 층이 벗겨지면, 매 순간 '존재하는 것'과 더불어 우리의 진정한 반응을 인식하면서 각각이 은총임을 깨닫는다.

"진리가 너희를 자유롭게 하리라."라는 말을 우리는 들어 왔다. 존재하는 것의 진실 속에서 살아가지 못하면 아무것도 제대로 작동하지 않는다. 온갖 것을 시도해 보라! 당신은 자유롭게 시도할 수 있는데, 자유 또한 은총이기 때문이다. 마침내 온갖 방도를 시도한 후 이 순간을 있는 그대로 수용할 때, 다를 것이라고 가정하지 않고 우리 자신의 모습 이외의 다른 존재라고 가정하지 않을 때, 삶이 얼마나 단순해지는지 깨닫게 된다. 이것이 바로 활동하고 있는 은총이자 아이레스트 명상의 정점이다. 더 이상 어떻게 단순해질 수 있을까? 이보다 더 생동감 넘칠 수 있을까? 하지만 세상을 통틀어 얼마나 많은 사람들이 이를 이해할까? 그러므로 그 이상 무엇이 더 필요할까?

아이레스트 명상의 서로 다른 층을 탐색해 가면서 각 단계에서 지금까지 일어났던 일들을 검토해 보자.

- 신체(안나마야)를 탐색하면서 우리는 신체가 견고하지 않다는 결론에 도달했다. 그것은 무한히 드넓은 진동으로서 중심도 주변도 없었다.
- 에너지체(프라나마야)를 탐색하면서 신체는 유동적인 무한한 에너지임을 깨달았다.
- 느낌, 정서, 지성(마노마야, 비갸나마야)을 탐색하면서 우리의 정서와 생각은 광활한 자각이라는 배경에 중첩된 스치는 현상에 불과함을 깨달았다.
- 지복체(아난다마야)를 탐색하면서 어떤 경험과도 무관하게 존재하는 기쁨과 평정심의 광대함을 깨달았다.
- 에고체(아스미타마야)를 탐색하면서 자각하고 있는 '나'의 성질, 본질, 실재를 탐구했다. "나는 누구인가?" "나는 무엇인가?" "몸,

마음, 감정, 세상적인 지각이라는 이 모든 움직임을 경험하는 '나'가 누구이고, 무엇이며, 어디에 있는가?"와 같은 활력에 찬 질문을 탐구해 보았다.

10단계: 근원에 도달하다-자연스러운 상태로 살아가다

> 당신은 여기에 있고 참자아는 어딘가 다른 곳에 있는 듯이 말한다.
> 참자아는 지금 여기에 있다. 당신은 항상 그것이다.
>
> – 라마나 마하리쉬Ramana Maharshi

동일시가 일어나는 6개 층은 왕이 새로 구입한 옷과 같다.[7] 사실 그 옷은 마음이 만들어 낸 것인데도 모두들 그것이 마치 있는 듯이 가장한다. 그것들은 진정한 우리가 아니다. 우리는 끊임없이 변하면서 진화하고 있는 신체, 감각, 마음을 갖고 있다. 궁극적으로 아이레스트 명상 수련이 보여 주는 것은 우리는 이것들 너머에 있다는 사실이다. 우리는 불변의 본성이자 에센스로서, 신체, 마음, 세계의 변하는 상태는 그곳에서 일어났다가 사라져 간다.

마음의 투사가 아니면 분리란 존재하지 않으며, 둘 아닌 것이 실제로는 다수라고 가정하는 것이 마음의 일이다. '나'라는 꿈에서 깨어나면 모든 '사물'은 비이원적인 본성, 그 근원적 성질에 의해 인식되

7) 한스 크리스천 안데르센Hans Christian Andersen의 『벌거벗은 임금님』의 이야기를 말한다.

는 본성의 표현임을 드러낸다. 다이아몬드의 여러 면들이 다이아몬드와 별개가 아니듯 우리가 보고, 만지고, 맛보고, 듣고, 냄새 맡고, 생각하는 모든 것이 통일성의 한 측면이다. 본성은 매 순간의 존재함이자 여여함이며, 삶이 흘러나오는 근원이다.

본성의 근본적 태도는 환대인데, 본성은 모든 것을 있는 그대로 환영하기 때문이며, 모든 것은 그것의 표현이기 때문이다. 본성은 항상 매 순간 스스로를 환영한다. 달리 어쩔 도리가 없다. 우리가 본성임을 알면서 살아갈 때, 어떤 것이나 누구와도 어떤 분리감도 느끼지 않을 때, 매 순간 그리고 삶이 가져다주는 그 어떤 것과도 불일치를 느끼지 않을 때 우리는 항상 존재하고 있는, 인간의 상황과는 무관한 무너뜨릴 수 없는 기쁨, 평정심, 웰빙을 발견한다. 동시에 본성은 이같은 인간 환경을 항해할 수 있는 수단을 제공한다. 프레데릭 프랑크Frederick Franck8)는 『촛불, 거울, 일체Of Candles, Mirrors, and Wholeness』라는 스토리에서 이를 아름답게 표현하였다.

1400여 년 전에 우황후라는 뛰어난 여인이 중국을 지배하고 있었다. 그녀는 불교 사유의 새로운 학파(화엄학파)에 깊은 관심을 가졌는데, 이는 우주에 관한 전체론적 관점으로서 인간의 마음이 도달한 가장 심오한 통찰 중 하나를 구현하고 있었다.

화엄(일본어: 개곤, 산스크리트어: 아바탐사카 수트라Avataṃsaka Sūtra, 대방광불화엄경)의 성자들은 상호 의존하고 상호 침투하는 가운

---

8) 프레데릭 프랑크 "촛불, 거울, 일체" 『안젤루스 질레지우스의 저서』 안젤루스 질레지우스는 17세기 유럽의 선(禪)시인으로서 그의 시는 동서양 신비주의를 가교역할을 하였다.

데 무언가로 되었다가 해체되는 과정으로 표현할 수 있는 살아 있는 단일 유기체로서의 온 우주를 포용하는 전체를 보았다. 이런 우주적 비전을 전개하고 있는 문헌들은 매우 복잡해서 우황후는 화엄 또는 화엄종 학파의 창시자 법장(643~712)에게 이 우주적 상호관련성, 일자와 다자 간의 관계, 신과 피조물, 피조물 서로 간의 관계를 실용적이면서도 간단하게 보여 줄 수 있는지를 물어보기로 했다.

궁전으로 간 법장은 궁전 공간의 8개 지점에 8개의 커다란 거울이 놓여 있는 방 하나를 정했다. 그는 두 개의 거울을 추가해서 하나는 천장에 하나는 바닥에 두었다. 방 중앙 천장에는 촛불 하나를 걸어 두었다. 황후가 방으로 들어가자 법장은 촛불에 불을 붙였다. "놀랍도다! 아름답도다!"라고 황후는 외쳤다.

법장은 10개 거울 각각에 비친 촛불의 반사체를 가리키며 "폐하, 보십시오. 이것이 바로 일자와 다자, 신과 그 피조물 각각의 관계를 보여 주고 있나이다."라고 말했다. 황후는 "실로 알았습니다 스승이시여! 각 피조물과 다른 피조물 간의 관계는 어떻습니까?"라고 물었다. 법장은 "보십시오, 폐하. 각각의 거울은 중앙에 있는 저 한 개의 불꽃을 비출 뿐 아니라 각각의 거울은 또 다른 모든 거울에 있는 불꽃의 반사체를 반사하고 있어서 무한한 수의 불꽃이 모두를 채우나이다. 이 모든 반사체는 어떤 의미에서는 상호 교환된다는 점에서 서로 같지만 또 다른 의미에서 각각은 개별적으로 존재합니다. 이것은 각각의 존재가 이웃과 맺는, 또 존재하는 모든 것과 맺는 진정한 관계를 보여 줍니다!" 법장은 계속 이어 갔다. "폐하, 물론 저는 우주에서 일어나는 진정한 사물의 상태를 대략적으로 접근하고 있으며 고정된 우화로서 표현하고 있음을 말해야겠습니다. 왜냐하면 우주에는 한계가 없으며, 그 속에서 만물은 영원히, 다차원적으로 움직이고 있기 때문입니다."

그런 다음 스승은 무한한 수의 불꽃 반사체 중 하나를 덮으며 현재 우리가 혹은 너무 늦게 생태학에서 깨닫게 된 사실, 즉 겉보기에 사소해 보이는 각각의 장애가 우리 세계의 전체 유기체에 어떻게 영향을 미치는지를 보여 주었다. 법장은 이런 관계를 '일즉다 다즉일'이라는 구절로 표현하였다.

이런 통찰을 근거로 '자비로운 위대한 가슴'이라는 화엄의 용어가 생겨났다. 자비로운 위대한 가슴이란 신화적 대상이 아니다. 그것은 일체 현상(자기 자신을 포함해서)을 공성으로부터 생겨난 공성의 일부로 보는 자각의 질을 말하며, 문자 그대로 표현하면 시간적 형상을 취하는 가운데 이런 공성에 머무르고 마침내 공성에 의해 재흡수되는 것을 의미한다. 그것은 공정하거나 공정치 않거나 인간이거나 동물이거나 심지어 식물과 광물까지도 포함해서 존재하는 일체를 향한 가장 심오하면서도 무척 비감성적인 경외심과 자비심의 행위 속에서 자연스럽게 스스로를 드러내는 자각의 질을 말한다. 자비로운 위대한 가슴을 성령으로 부를 수 있지 않을까?

그런 다음 법장은 어전 공연을 마무리하기 위해 작은 크리스탈 공을 들어 올리고는 이렇게 말했다. "폐하, 이 모든 거울과, 그 거울이 비치는 무수히 많은 형상이 이 작은 구에 어떻게 반사되고 있는지 보십시오. 궁극적 실재에서는 어떻게 무한히 작은 것이 무한히 큰 것을, 무한히 큰 것이 무한히 작은 것을 어떤 장애도 없이 담고 있는지 보십시오! 오, 시간과 영원, 과거, 현재, 미래가 서로 막힘없이 상호 침투하고 있는 것을 제가 폐하께 보여 드릴 수 있었으면 좋겠습니다! 그러나 아쉽게도 이것은 다른 수준에서 포착되어야만 하는 역동적인 과정입니다."

화엄경은 이렇게 말한다. 셀 수 없는 억겁의 세월은 한 순간에 불과하고, 그 순간은 실체가 없다. 우주의 실상이 그러하나니.

숨바꼭질, 잃어버리고 찾기

본성에 깨어나서 의식적으로 본성을 살아 낼 때까지 우리의 마음은 본성이 '숨바꼭질'을 하고 '잃어버리고 찾는' 놀이의 게임을 계속할 것이다.

마침내 우리의 추구, '발견하려고 찾는' 것이 본성을 깨닫지 못하게 하는 것임을 깨달아야 한다. 왜냐하면 우리가 찾는 그것이 이미 우리의 모습이기 때문이다. 에고로서의 나는 스스로를 찾는 '허기진 유령'이다. 그것이 거울을 들여다볼 때, 공성을 보지만 공성이 진정한 모습이라는 사실을 결코 깨닫지 못한다. 나라는 생각이 본성 안에 녹아들 때 우리는 충만한 공성, 자아는 비어 있지만 일체로 가득 찬 것으로서 살아가는 자신을 발견한다.

나는 '나라는 꿈'에서 깨어났을 때 큰 소리로 웃을 수밖에 없었다. 수년 동안 나는 외롭고 허무하다고 느끼면서 약물에서 심리치료로, 그리고 명상에 이르기까지 온갖 수단을 쓰면서 내가 겪는 곤경을 치료하기 위해 수십 년을 소비해 왔다. 나의 영적 멘토인 진 클라인을 만났을 때, 그의 첫마디는 "당신의 추구가 당신을 이 순간으로 데려왔습니다. 이제 당신의 바로 그 추구가 당신을 없애 버렸으니 추구함을 내려놓으십시오."

그의 안내를 통해 나는 추구하던 습관을 멈추고 그저 존재하는 법을 배웠다. 그의 안내와 아이레스트 명상의 도움을 받아 나는 에센스가 주는 평정심 속에서 안정되기 시작했다. 그런 다음 어느 날 아침 나는 본성에 대한 자발적인 인식에로 깨어났다.

새벽 2시쯤이었다. 잠에서 깨어 다시 잠들지 못한 채, 침대에서 나와 유리로 된 침실 문 옆에 앉아 별이 빛나는 밤하늘을 쳐다보았다. 예상치도 않게 갑자기 팡파르도 울리지 않은 채 본성이란 그저 에센스가 아니라 일체라는 것을, 일체가 본성이라는 비개념적이고 언어를 초월한 이해가 내면에서 깨어났다. 어디에서도 분리를 발견할 수 없었다. 일체가 비어 있지만 충만했으며 신성함 없이 성스러웠다. 고대의 수수께끼가 투명하게 분명해졌다. 생각하는 마음이 전혀 끼어들지 않았다. 만물은 존재하는 것도 아니고, 존재하지 않는 것도 아니다. 그러나 존재하면서도 존재하지 않는다. 또한 존재하는 것도 존재하지 않는 것도 아니다.

시간을 초월한 그 순간에 일체의 분리감이 떨어져 나갔다. 에고로서의 나는 그저 하나의 생각에 불과할 뿐이며, 일체는 있는 그대로의 나라는 진리가 스스로 선언하고 있었다. 그와 더불어 일체의 외로움, 공허감, 불안, 공포, 추구하는 느낌이 사라지고 대신 내 삶에서 어떤 위기가 닥쳐오더라도 지금까지 흔들리지 않고 남아 있는 변함없고 파괴할 수 없는 평정심, 기쁨, 웰빙의 인식이 그 자리를 차지했다. 여전히 짜증이 일어나는가? 분명 일어난다. 여전히 피로와 갈등이 일어나는가? 확실히 그렇다. 때로는 신경계가 환하게 빛을 내는가? 분명 그렇다. 그러나 자각이라는 불변의 평정심 속에서, 존재라는 파괴할 수 없는 기쁨 안에서, 현존의 존재 안에서 모든 것이 일어난다. 이른 아침에 일어난 깨달음으로부터 시 한 수가 저절로 떠올랐다.

141

우리는 장엄한 바다에서

헤엄치는 물고기

만나는 사람마다

갈망의 뜨거운 불을 꺼 줄

한 모금의 물을 구하네

이것이 아마도 우리에게

날개를 달아 줄지도 몰라.

덕분에 바다를 떠나

우리가 그토록 원하던 곳을

잠시나마 힐끗 볼 수 있을지도 몰라

다시 바다로 떨어지지만

거듭거듭 다시 떠올라

우리의 비상이 갈망으로부터

우리를 해방시킬 거라 믿으면서

엄청난 사기극!

광활한 하늘을 보는 황홀경은

방금 떠난 물을 향해

헐떡거리게 하네

공기를 찾아 물을 떠나야 하지만

긴 여정 내내 장엄한 갈망 속에서

헤엄치고 있었던 것을 깨닫는다네

사기극은 더 진행되어

마침내 우리는 자신 안에서 헤엄치는

장엄한 바다였음을 깨닫는다네

본성의 평정심은 온갖 폭풍우를 헤엄쳐 가고, 매 순간 살아 있는 진리와 올바른 행위를 드러내는 흔들릴 수 없는 안정감의 기반을 드러낸다. 이런 깨달음이 '여기'에서 일어날 수 있으면 그것이 '저기'에도 일어날 수 있음을 아는데, 왜냐하면 나는 그것이 당신의 본성이기도 하다는 사실을 알기 때문이다.

당신의 진심 어린 소망

당신이 그동안 찾아왔던 것이 당신에게 항상 '가장 가까이' 있었다는 인식이 섬광처럼 스치면 추구하는 행위는 해소되는데, 본성은 결코 존재하지 않은 적이 없기 때문에 가야 할 곳도, 해야 할 일도 없기 때문이다. 일상의 삶은 예전처럼 지속되지만 이제 궁극적 실재로서의 본성이라는 초석 위에서의 삶이다. 고대 선禪의 가르침이 주는 단순한 진리가 스스로를 진리로서 표명하고 있다.

깨닫기 전에 산은 산이요, 강은 강이었다. 깨달음이 오니 산은 산이 아니고 강은 강이 아니다. 깨달음 후에는 산은 산이고 강은 강이로구나.

당신의 여정이 출발했던 지점에서 시작했던 세 가지 염원(상칼파 sankalpa), 즉 진심 어린 결심, 의도, 내적 자원이 이제 다시 출현한다. 그러나 깨달음의 결과로 그것들이 어떻게 변했는지에 주목하라. 그것들은 이제 당신 자신과 당신을 둘러싼 세계에 대한 진리의 공명으로서 일어난다. 그것들은 본성으로부터 직접 나온 것이다. 우리가 삶을 살기 이전부터 말이다. 우리는 세 가지 결심을 수련해 왔다. 이

143

제 삶이 우리를 살아가고 있다는 사실을 깨닫는다. 본성이란 우리가 행하는 그 무엇이 아니다. 그것이 우리에게 '행위를 하고' 줄곧 그래왔다! 아이레스트 명상의 초입에서 우리가 시작했던 세 가지 결심은 이제 본성의 표현임을, 눈을 크게 뜨고 조건화된 마음이 멈춘 채 깨닫게 된다. 그것들을 껴안는 것은 우주의 전체성(다르마 르타^{dharma} ^{rta})과 조화를 이루며 살아가고 있다는 본능적 감각을 불러일으킨다. 이제부터 삶은 항상 편치 않을 수 있지만 항상 조화롭다고 느낀다.

장터로 돌아오다: 일상의 삶에서 본성으로 살아가기

> 어떤 수단을 써서라도 결국에는 참자아에게 돌아가야만 한다. 지금 당장 참자아 안에 거주하지 않을 이유가 무엇인가?
>
> — 라마나 마하르쉬$^{Ramana Maharshi}$

아이레스트 명상의 정점에서 이처럼 놀라운 관점을 일별한 후 매 순간 일상적 삶의 모든 관계 안으로 당신의 이해를 바꿔 놓는 방법을 배워감에 따라 수련은 계속된다. 아이레스트 명상은 당신을 정상으로 데려간 후 산에서 내려와 삶으로 돌아가도록 안내한다. 이제 산으로 올라가면서 뒤에 남겨 두었던 껍질들로 돌아올 시간이 되었다.

아이레스트 명상 단계는 동일시했던 각각의 껍질, 혹은 체體, 즉 우리가 본성으로 오인했던 몸, 마음, 감각이라는 외투를 떠나 물러날 수 있도록 도움을 주었다. 아이레스트 명상은 줄곧 우리의 본성이었던 무한하면서도 광활한 에센스를 인식할 수 있도록 우리를 안내하였다. 이제 우리가 진정 누구인지에 대한 심오한 이해를 갖고 출발했던 지점으로부터 돌아왔다. 동일시했던 각각의 껍질을 거치면서 되돌아 걸어가며 그 껍질들을 하나씩 다시 주워 입지만, 우리가 누구인지와 몸, 마음, 감각으로 이루어진 우리가 입고 있는 옷을 더 이상 혼동할 필요가 없다.

통일성의 측면

이제 우리는 본성을 이해했다. "나는 순수한 에센스다. 나는 생각을 갖고 있지만 '나'는 내 생각이 아니다. 나는 감정을 갖고 있지만 '나'는 그런 감정이 아니다. 나는 몸을 갖고 있지만 '나'는 이 몸이 아니다." 몸, 마음 각각으로부터 탈동일시한 후 남는 것은 태어난 적도 없이 항상 존재하는 우리의 에센스이다.

아이레스트 명상은 항상 변하는 당신의 개인적 삶의 흐름 밑에 깔려 있는 진정한 에센스를 드러내는데, 그것은 이제 역설적이게도 '개인적'이 아니라 보편적인 것으로 인식된다. 삶이란 궁극적으로 우리가 몸, 마음, 감각으로 구성된 개인적인 '자아'를 일으키는 본성으로 된 보편적인 '참자아'임을 발견하는 역설이다. 우리 각자는 통일성의 한 단면이다. 라마나 마하르쉬는 개인적인 자아를 '구름 한 점 없는 여름 한낮의 하늘에 걸려 있는 한 조각의 새로운 달'에 비유하였다. 몸이 존재하는 동안에는 분리된 듯 보이지만 체현된 당신의 깨달음은 우리가 분리되지 않는 비개념적인 본성임을 알려 준다.

깨달은 삶

아이레스트 명상은 처음에는 사소한 일별을 통해 우리가 진정 누구인지를 드러내 준다. 일별을 통해 '나'라는 꿈에서 깨어난다. 깨어남은 배경에 있는 에센스가 충분히 전경으로 이동하는 깨달음으로 이끈다. 에센스가 전경으로 드러남에 따라 일상생활의 매 측면을 통해 깨달음이 확고하게 자리 잡아 간다. 이를 통해 아이레스트 명상 수련은 깨달은 삶으로 대체된다. 이제 에센스가 존재하면서 수련이나 기억이 필요 없어진다. 추구하는 마음은 그치지만 온갖 기쁨, 도전, 곤경으로 가득 찬 삶은 지속되며, 에센스가 주는 평정심은 매 순간 뒤섞이고 스며들면서 찬란하게 존재한다.

아이레스트 명상을 마치면 눈을 뜨고 뒤로 물러나 분리란 오로지 생각하는 마음의 산물임을 이해하면서 세상으로 들어간다. 본성에서 분리된 '나'도 '타자'도 없다. 세상이라는 소위 외적 대상과 감각, 감정, 생각이라는 정묘한 내적 대상인 만물은 동일한 실체로 되어 있다. 이런 관점에서 보면 무언가를 억압하거나 거절할 필요가 없다. 우리의 몸과 생각, 즉 만물은 비개념적인 본성으로 구성되어 있다는 것을 우리는 이해하고 있다. 세계를 둘로 나누는 분열된 마음은 아이레스트 명상이 보여 주는 근본적인 통찰을 통해 치유되었다. 여기에서 일체는 분리되지 않는 둘 아닌 것으로 이해된다. 이제 모든 것은 환대 속에서 일어나고 전개된다. 이것이 바로 아이레스트 명상의 정점이다.

제 3 장

최후의 성찰

아이레스트 명상 과정에는 무한한 수련이 놓여 있다. 숙련자가 되면 짧은 순간 혹은 몇 분 동안에도 아이레스트 명상을 수련할 수 있다. 그렇지 않을 경우 천천히, 그리고 부지런히 진행할 때 동일시가 일어나는 각 껍질을 탐색하고 해체하면서 한 시간 또는 그 이상을 소비한다. 개인적으로는 일정 시간 동안 한 가지 수련을 안정시킬 것을 권한다. https://www.hakjisa.co.kr/subpage.html?page=book_book_info&bidx=5812에서 접할 수 있는 안내가 있는 MP3 녹음을 활용해서 아이레스트 명상의 서로 다른 단계를 이해하도록 하라. 그런 다음 실험해 가면서 최종적으로는 아이레스트 명상 수련을 스스로 해 간다. 신체감각의 한 가지 접근법, 호흡감각의 한 가지 수련을 선택하라. 서로 상반되는 느낌, 감정, 신념, 이미지로 구성된 한 개 혹은 두 개 쌍의 수련을 선택하라. 기쁨과 평화를 불러일으키는 하나 혹은 두 개의 기억을 고르고, 에고로서의 나라는 정체성을 탐색할 수 있는 한 가지 접근법, 본성이 체현될 수 있는 하나 혹은 두 개의 성질을 고르라.

천천히 진행하면서 당신의 우물을 깊게 파 들어가라. 아이레스트 명상 수련은 수련 너머로 당신을 데려가서 매 순간 당신은 완전 무결하면서도 분리되지 않은 에센스로서의 당신의 본성을 의식적으로 살아가게 된다.

우리 각자는 고유한 여정 중에 있다. 우리의 길은 비록 목표는 같을지라도 발달 단계에 따라 달라진다. 이런 이유로 마음챙김하면서 주의를 기울여 수련하되 수련이 기계적으로 되고 따분해지지 않도록 맞춰 가는 것이 중요하다.

어떤 것도 강요하거나 부정하지 않는 것이 중요하다. 아이레스트 명상은 고도로 개별화된 수련이라서 당신의 특정한 요구에 무엇이 최선일지를 발견하게 한다. 이런 점에서 나의 영적 멘토인 진 클라인이 거듭 내게 말해 주었던, "수련을 당신 자신만의 것으로 만들라."는 충고를 제발 받아들이길 바란다.

깨어 있는 상태와 꿈꾸는 상태는 본성의 표현

아이레스트 명상을 낮 동안의 수련으로만 여기지는 말라. 잠이 들거나, 꿈을 꾸는 동안, 한밤중이나 아침에도 수련해 보라. 깨어 있는 상태, 꿈꾸는 상태, 깊은 수면 상태는 의식의 연속상에 놓여 있다. 마음만이 그것들이 서로 다른 상태인 듯이 가장한다.

깨어 있을 때 마음은 깨어 있는 상태가 진짜라고 가정한다. 꿈을 꿀 때 마음은 꿈이 진짜라고 가정한다. 깨어 있는 상태와 꿈꾸는 상태는 자각이 바라보는 대상들의 존재를 포함하고 있다. 생각하는 우리의 마음은 전경에 드러나는 움직임에 주의를 기울이고 배경이 되는 자각으로부터는 멀어지도록 조건화되어 있다. 주시는 항상 존재하지만 우리가 깨어 있는지 잠자는지에 따라 종종 배경에 숨어 있다.

아이레스트 명상은 어떤 대상의 존재나 부재에 의해 유혹되거나 산만해지지 않은 채 깨어 있는 상태, 꿈꾸는 상태, 깊은 수면 상태에서 당신의 존재인 에센스로 당신을 초대한다. 본성은 스스로를 알기 위해 어떤 대상도 필요로 하지 않는다. 마음이 변화무쌍한 일체의 움직임으로부터 탈동일시하면, 변화하는 모든 움직임 가운데서도 초월하고 있지만 여전히 존재하는 불변하는 본성의 문턱에 서 있게 된다.

아이레스트 명상은 '요기의 잠'을 불러일으키는데, 그 속에서 당신은 의식의 모든 상태의 현존이나 부재중에 통일적인 에센스로서 깨어 있다. 이런 인식이 깨달음이며 아이레스트 명상의 정점인데, 여기에서 수단, 길, 수련은 서로 융합된다. 이때 당신은 일상적 삶의 모든 움직임 속에서도 자유롭게 살아가는데, 의식적으로 당신 자신은 모든 타인들, 모든 '대상' 일체를 그러한 통일적인 본성으로서 알고 있다. 그것이 당신 자신이기도 하다. 귀향을 환영한다.

아이레스트 명상 워크시트

아이레스트 명상 수련을 개별화하기 위해 이 페이지들의 사본을 여러 개 만들 것을 권한다. 사본들을 하나의 노트북으로 만들어 아이레스트 명상 매 회기를 시작하기 전에 워크시트를 작성하라.

1. 의도 정하기

상칼파

의도를 정하기 위해, 건강, 영성, 사랑, 진실, 관계, 경력, 창의적 표현과 같은 삶의 주요한 범주에서 당신에게 가장 중요한 것이 무엇인지 생각해 보라. 마음의 가장 깊은 곳에서 스스로에게 물어보라. "내 인생에서 추구하고 목표로 삼고 싶은, 가장 중요한 것은 무엇인가? 만일 최우선으로 여기는 의도를 실현할 수 있다면, 무엇이면 좋겠는가?"

그런 다음, 당신의 의도를 당신 자신과의 특정한 약속이나 합의로 바꾸되, 효과를 높이기 위해 현재형의 구체적인 단어들을 사용하여 사실적 문장으로 만들라. 예를 들어, "나는 앞으로 진실되게 행동하기를 원한다."라고 하지 말고, "나의 생각, 말과 행동은 일치한다."고 맹세한다. "내가 체계적으로 일할 수 있었으면 좋겠다."라고 하지 말고 "나는 일상에서 우선순위를 정하여 계획을 세우며 일을 효과적이고 효율적으로 한다."고 단언한다. "나는 살을 뺄 것이다."라기보다 "나는 건강함과 에너지를 위해 먹는다. 내 몸무게는 최적이다."라고 한다. "나는 매일 명상을 할 수 있었으면 좋겠다."라고 하지 말고 "나는 매일 명상을 한다."라고 한다.

2. 결심

상칼파

당신의 진정한 결심을 불러일으키는 단어, 삶의 의미와 공명할 수 있는, 예를 들어 가슴속에 내재된 바람, 목적, 개인적 소명, 삶의 철학, 당신이 삶을 사는 가치같은 단어를 찾아보라. 결심은 몸을 통해 깊이 감정적으로 느끼고 의식적으로 자각하고 진지하게 받아들일 때 효과적이다. 그러므로 당신의 결심을 몸으로 느껴 보고, 당신의 살아 있는 경험으로 깊게 스며들 수 있는 단어를 찾아보라. 그렇게 함으로써 당신의 몸과 마음의 가장 깊은 수준에 결심이 새겨질 것이다.

결심을 잘 나타내는 이미지를 떠올리면서 단어들을 적어 보라.

3. 내적 자원

상칼파

당신의 내적 자원을 표현할 수 있는 단어를 적어 보라. 내적 자원은 변치 않고 파괴되지 않는 안녕감, 고요함, 평화, 평온함, 안전감, 안정감, 이완, 평정심이라는 당신 내면의 성역, 안전한 피난처 혹은 내면화된 공간의 예라고 할 수 있다. 내적 자원은 당신 고유의 것으로 수련이나 일상생활 속에서 영원한 힘과 위안을 길어 올릴 수 있는 풍부한 원천이다.

당신의 내적 자원을 가슴 깊이 체화된 경험으로 느끼게 만드는 단어들을 찾으라. 내적 자원을 수집할 때, 가능한 한 많은 감각 양식을 사용하는 것이 효과적인데, 이렇게 하면 어떤 감각 통로를 통해서도 즉각적으로 내적 자원을 불러올 수 있기 때문이다. 예를 들어, 내적 자원을 환기시키기 위해 시각적 이미지를 사용한다면, 그 이미지를 느낌, 감정, 소리, 장면, 냄새, 맛 등의 다른 감각들과 연결 지어 당신이 이미지를 떠올릴 때 관련된 감각경험들이 연상될 수 있게 하라.

당신의 내적 자원은 어떤 이미지도 아닌 신체적 감각경험임을 명심해야 한다. 궁극적으로 내적 자원은 존재와 자각이 어떠한 상황에서든 존재한다는 '존재'와 '자각'에 대한 감각적 느낌이다.

4. 감각의 층

안나마야
수련 중 집중하고 싶은 몸의 특정 감각이나 영역이 있는지 살펴보라. 신체를 감각하는 것은 당신 몸에 대해 완전히 새로운 방식으로 배우면서 확인하는 시간으로, 당신 몸이 당신에게 보내는 미묘한 신호에 귀를 기울이고 반응할 수 있는 본연의 능력을 깨우는 것이다. 집중하고 싶은 구체적인 영역이나 문제를 기록하라.

5. 호흡과 에너지의 층

프라나마야

아이레스트 명상 수련 중 이 단계에서 시도하고 싶은 호흡의 유형을 적어 보라. 집중력을 개발하기 위해 호흡을 셀 수도 있고, 깊은 이완을 위해 날숨을 늘이거나 좌우 교대로 호흡을 할 수도 있고, 깊은 수준의 한결같은 고요 속에서 일어나 전개되고 잔잔해지는 호흡의 흐름을 감지할 수도 있다. 그 외 건강이나 치유, 안녕감, 또는 자신의 내재된 본성에 깨어나기 위해 여러 형태의 프라나야마를 할 수도 있다.

6. 느낌과 감정의 층

마노마야

당신이 수련 중에 받아들이고 환영하길 바라는 느낌 또는 감정을 적어 보라. 당신이 자신의 느낌과 감정을 인정하고 환영하고 이해하고 다루고 반응하게 함으로써 그 느낌과 감정에 휘말리거나 빠지지 않을 수 있도록 하는 것이 아이레스트 명상의 목적이다.

A. 느낌

아이레스트 명상의 이 단계를 준비할 수 있도록 가벼움과 무거움, 따뜻함과 차가움, 편함과 불편함 등과 같이 특정 느낌과 더불어 상반되는 느낌을 고르라. 다른 예들은 pp. 162~163를 참조하라.

느낌 _____ 상반되는 느낌 _____

느낌 ＿＿＿＿＿＿＿　상반되는 느낌 ＿＿＿＿＿＿＿

B. 감정

슬픔, 행복, 분노, 평온함, 두려움과 용기 등 특정한 감정과 더불어 상반되는 감정을 고르라. 다른 예들은 pp. 163~164페이지를 참조하라.

감정 ＿＿＿＿＿＿＿　상반되는 감정 ＿＿＿＿＿＿＿

감정 ＿＿＿＿＿＿＿　상반되는 감정 ＿＿＿＿＿＿＿

7. 정신의 층

비갸나마야

A. 믿음

시간을 내서 수련 중 메신저로 받아들이고 환영하고 싶은 당신 자신, 타인 또는 세상에 대해서 진실이라고 여기는 믿음을 적어 보라. 아이레스트 명상은 자신의 믿음을 인식하고 반기고 이해하고 다루고 반응하게 하여 그 믿음에 휘말리거나 빠지지 않을 수 있도록 하는 데 목적을 둔다. 반대의 믿음도 적어 본다. 다른 예들은 p. 164를 참조하라.

믿음 ＿＿＿＿＿＿＿　상반되는 믿음 ＿＿＿＿＿＿＿

믿음 ＿＿＿＿＿＿＿　상반되는 믿음 ＿＿＿＿＿＿＿

B. 주제, 이미지, 상징

보호, 안전, 편안함, 이완 혹은 안녕감을 일으키는, 혹은 당신이 탐색하고 싶은 주제나 이미지, 상징을 고르라. 반대의 것을 함께 고르는 것도 도움이 되는데, 예를 들어, 아름다운 산과 분출하는 화산, 해와 달, 신뢰하는 친구와 대립관계에 있는 적, 일출과 일몰 등이 될 수 있다. 다른 예들은 pp. 164-165를 참조하라.

주제 _____   상반되는 주제 _____

이미지 _____   상반되는 이미지 _____

상징 _____   상반되는 상징 _____

C. 본성의 성질

본성의 성질과 그와 반대되는 성질을 고르라. 예를 들어, 진실과 거짓, 동정심과 교만함, 사랑과 미움 등이 될 수 있다. 다른 예들은 p. 166를 참조하라.

본성의 성질 _____   상반되는 성질 _____

본성의 성질 _____   상반되는 성질 _____

8. 기쁨의 층

아난다마야

당신의 몸과 마음에 기쁨, 평화, 안녕감 혹은 평정심을 일으키는 생각, 이미지, 기억을 고르라. 당신이 기쁨을 느낄 이유가 필요하지

157

는 않다. 기쁨은 이미 당신 안에 있고 자각의 최전선으로 초대되길 기다리고 있다. 기쁨의 느낌과 접촉하기 어렵다면, 즐거움, 만족, 혹은 단순히 괜찮은 느낌을 가졌던 시간을 떠올리는 것으로 시작해도 된다. 혹은 기쁨을 느끼는 것이 어떠할지 상상할 수도 있다. 결국 당신이 기쁨을 경험할 것임을 믿으라!

9. 에고의 층

아스미타마야

에고라는 정체감의 영역을 탐구하기 위해 다음 연습 중 하나를 고르거나 당신의 마음에 떠오르는 것을 고르라.

A. 참자아의 집으로 돌아오기

다음 진술의 실제에 대해 탐구해 보라.

"나는 몸을 가지고 있지만 나는 몸이 아니다. 내 몸은 건강과 질병, 휴식과 피로, 평온과 동요의 다양한 감각들로 드러나지만 이 상태들은 변한다. 나는 이 변하는 감각들이 일어나는, 불변의 자각이다. 내 몸을 소중히 여기지만, 나는 이 몸이 아니다."

"나는 감정을 느끼지만, 나는 감정들이 아니다. 나의 감정은 사랑에서 분노, 고요함에서 동요, 기쁨에서 분노와 같이 여러 상태들로 드러나지만 이 상태는 변한다. 나는 이 변하는 감정들이 일어나는 불변의 자각이다. 내 감정을 소중히 여기지만, 나는 내 감정들이 아니다."

"내게는 마음이 있지만, 나는 마음이 아니다. 나의 마음은 여러 다른 사고와 이미지로 드러나지만 그것들은 끊임없이 변하고 있다. 나는 이런 사고와 이미지들이 일어나는 불변의 자각이다. 내 마음을 소중히 여기지만, 나는 마음이 아니다."

"나는 나의 몸, 감각, 마음, 그리고 세계를 구성하는 변하는 감각, 지각, 감정, 사고와 대상들을 자각한다. 나는 이 모든 움직임이 일어나는 불변의 자각이다. 나는 순수한 불변의 자각이다."

"내게는 몸이 있지만, 나는 몸이 아니다. 나는 감정을 느끼지만, 나는 감정이 아니다. 내게는 마음이 있지만, 나는 생각이 아니다. 그렇다면 나는 누구인가? 몸, 감각, 느낌 사고와 동일시하지 않으면 무엇이 남는가? 나는 순수한 자각의 중심이다."

B. 자각하는 자는 누구인가

몸

잠시 동안 자신의 몸을 관찰하라. 존재하는 서로 다른 감각들이 있나? 몸을 살펴보면서 조용히 질문해 보라.
"누가 자각하는가?"

감정

당신의 감정 상태에 대해 물어보라. 어떤 기분인가? 도움이 된다면, 전날이나 전주에 있었던 사건의 느낌들을 떠올려 보라. 그리고 조용히 자문해 보라.

"누가 자각하는가? 이 느낌들을 자각하는 자는 누구인가?"

생각

당신이 생각하는 것을 알아차리라. 그리고 질문해 보라.

"누가 자각하는가? 이런 생각과 생각하는 행위를 자각하는 자는 누구인가?"

감각

다양한 냄새, 맛, 소리, 느낌 및 이미지를 자각하라. 그리고 조용히 질문해 보라.

"누가 자각하는가? 이런 지각들을 자각하는 자는 누구인가? 누가 자각하는가?"

C. 자기동일시

판단하지 말고 과학적 조사를 하는 연구자가 보이는 객관적인 태도로 다음을 보라.

- 몸의 감각을 자각해 보라. 당신이 관찰하는 것을 바꾸려고도 부정하려고도 하지 않는다. 질문을 하고 느껴 본다.
"누가 이 감각들을 자각하는가?"
- 자신의 호흡을 자각한다. 질문하고 느껴 본다.
"누가 이 호흡을 자각하는가?"
- 긍정적인 부분, 부정적인 부분을 모두 염두에 둔 채 느낌을 자

각한다. 질문하고 느껴 본다.

"누가 이 느낌들을 자각하는가?"

• 자신의 삶에 동기를 부여하는 소망을 자각한다. 질문하고 느껴 본다.

"누가 이 소망을 자각하는가?"

• 자신의 생각을 관찰한다. 생각이 떠오르는 것을 주시한다. 다른 생각이 떠오를 때까지 그 생각을 바라보다가 다른 생각이 떠오르면 동일한 방식으로 계속한다. 만일 당신이 어떤 생각도 하지 않는다고 여긴다면, 이 또한 생각임을 깨닫는다. 질문을 하고 느껴 본다.

"누가 이런 생각들을 자각하는가?"

• 감각, 느낌, 소망과 생각을 관찰하는 관찰자를 관찰한다. 질문을 하고 느껴 본다.

"누가 이 관찰자를 관찰하는가?"

• 모든 질문에 대한 답은 '나는 존재한다.'라는 것을 깨닫고 느껴 보라. '나'는 단단한 고체도 아니고 생각도 아님을 느껴 보라. '나'는 존재의 본질을 가리키는 포인터로 그 안에서 모든 것이 일어나고 사라진다. 그럼에도 불구하고 존재는 광활한 공空이면서도 충만하고 완전무결한 현존으로 다른 영역과 구별된 채 유지된다. 다음의 진실을 내적으로 느껴 보라.

"나는 순수하고 광활한 존재로, 공空이면서도 충만하다. 현존하되, 위치가 없고 모든 곳에 있되 중심도 주변도 없다."

D. 나는

- 자각(감각, 느낌, 감정, 생각, 이미지 또는 기억) 속에서 대상을 감지한다.
- 자각하고 있다.
- 조용히 느낌을 지닌 채 질문한다.

"누가 이것을 자각하는가?"

- 대답을 감지한다.

"내가 존재한다."

- 몸에서 내가 어디에 있는지 느낀다.
- 머리에서 가슴으로 내려가는 느낌을 추적해 보라.
- 가슴속의 나의 존재와 공명해 보라.
- 이제 '존재함'을 포기한다. 그것이 떨어져 나가게 한다.
- "나⋯⋯ 나⋯⋯" 하면서 몸에서 그것이 일어나는 곳만을 느껴 보라.
- 이제 '나라는 생각'을 버리라.
- '나라는 생각'이 일어나기 전 존재와 하나가 되라.
- 관찰자가 관찰하는 존재 속으로 녹아들게 하라.
- 광활한 자각의 느낌이 일제히 만방으로 확장되게 하라.
- '나라는 생각'이 일어나기 전의 존재
- 주시가 일어나기 전의 존재
- 중심도 주변도 없는 존재
- 마음이 일어나고 차이를 만들고 있는 중이나 그 이전, 그 이후에도 지속되는 존재

상반되는 것들 예시

다음 목록은 상반되는 것들이다. 자신만의 아이레스트 명상을 만들기 위해 자신만의 상반되는 주제를 찾아보거나 혹은 아래의 목록 중에서 선택해 보라.

상반된 느낌, 감정, 생각 등을 수련할 때, 첫 번째 상태를 충분히 체화한 후 그 반대의 것으로 넘어가도록 한다. 그리고 상반된 항목들을 동시에 경험하기 전에 각각의 상태를 오가는 것을 여러 번 되풀이한다.

느낌, 감정, 생각, 이미지 및 본질의 상반되는 쌍들

마노마야

A. 느낌

깨어 있는 / 졸리는	떠 있는 / 가라앉는
침착한 / 불안한	뜨거운 / 차가운
집중하는 / 멍한	가벼운 / 무거운
편안한 / 불편한	즐거운 / 고통스러운
깊은 / 피상적인	이완된 / 긴장된

건조한 / 촉촉한   민감한 / 둔한

무딘 / 날카로운   광활한 / 폐쇄된

광활한 / 한정된   따뜻한 / 차가운

강한 / 약한

B. 감정

공격적인 / 수동적인   사랑 / 증오

찬성하는/ 반대하는   평화로운/분노에 찬

확신하는 / 당혹스러운   유능한 / 무능한

난폭한 / 온순한   힘이 넘치는 / 무기력한

침착한 / 초조한   자랑스러워하는 / 수치스러워하는

침착한/ 속을 태우는   반응적인 / 냉담한

자신감 있는 / 자신감 없는 안전한 / 유기된

협력적인 / 경쟁적인   안전한 / 위협받는

기쁨을 주는 / 혐오스러운 만족스러운 / 좌절스러운

지배적인 / 유순한   안심하는 / 걱정되는

공감적인 / 무관심한   민감한 / 둔한

겁이 없는 / 겁에 질린   부드러운 / 과격한

유연한 / 완고한   관대한 / 경멸하는

너그러운 / 분개하는   신뢰하는 / 의심하는

감사하는 / 감사하지 않는 두려워하지 않는 / 불안해하는

행복한 / 슬픈   거리낌 없는 / 수줍어하는

협조적인 / 비협조적인   활기찬 / 지친

결백한 / 자책하는   취약한 / 끄떡없는

흥미로운 / 지루한

지성의 몸

비갸냐마야

A. 믿음 및 그와 상반되는 쌍들

나는 안전하고 안심한다	나는 늘 위험에 처해 있다
나는 자립할 수 있다	나는 스스로를 지탱할 수 없다
나는 강하다	나는 무력하다
나는 옳은 결정을 내린다	내 자신을 믿을 수 없다
나는 성공했다	나는 실패자이다
나는 사람들과 연결감을 느낀다	나는 혼자이다
나는 가치있고 좋은 사람이다	나는 가치없고 나쁜 사람이다
내가 하는 말은 중요하다	아무도 내 말을 듣고 싶어 하지 않는다
나는 내가 원하는 걸 안다	나는 혼란스럽다
나의 현실을 믿는다	나의 현실을 믿을 수 없다
나는 사랑스럽다	나는 사랑스럽지 않다
나는 창의적이다	나는 완전히 고갈되어 있다
나는 내 결정을 관철하려고 한다	나는 내 결정을 미룬다

B. 주제, 이미지 및 상징

각 주제, 이미지 또는 상징이 다양한 수준의 느낌, 감정, 상상으로부터 떠오르게 하라.

터널을 통과하는	동굴을 탐험하는
신성한 장소로의 여행	산을 올라가는 여행
강을 따라 내려가는 여행	하늘을 향해 올라가는 여행
동굴을 따라 탐험하기	해안을 따라 걷기
깊은 바닷속으로의 여행	사막으로의 여행
과거로의 여행	미래로의 여행
신뢰하는 친구들과의 모임	바다
새들의 비상	공간
타고 있는 촛불	칼
휴식 중인 고양이	벗은 몸
지상으로 연결되는 동굴	전쟁 중인 사람들
관	고함지르는 사람들
부처의 미소	하늘에 떠오르는 태양
횡단	어두운 하늘
석양이 지는 하늘	터널
폭우	시체
바닷가의 부서지는 파도	죽어 가는 사람
땅속으로 내려가기	끝없이 펼쳐진 사막
쇠약한 할아버지	하늘을 떠가는 구름
쇠약한 할머니	말 달리기
지혜로운 할아버지	해골
지혜로운 할머니	명상 중인 요가 수행자

C. 본성의 성질

아래에 있는 현존의 성질들을 경험해 보라. 각 속성이 느낌, 감정, 생각, 이미지와 기억을 일으키게 하라. 모든 지각 채널들이 경험, 즉 시각, 청각, 미각, 후각, 촉각, 사고에 참여하도록 하라.

진실된	총명한	깨어 있는
친밀한	자각하는	즐거운
존재하는	사랑이 넘치는	평화로운
자비로운	창의적인	강력한
공감하는	현존하는	비어 있는
광활한	확장하는	초대하는
충분한	유능한	

수련에 이용할 수 있는 자원들

이 책을 읽고, MP3 녹음을 들은 후, "다음 단계는 뭘까?" "내 수련에 관해 의논할 만한 사람이 있을까?" "이제는 뭘 하면 좋을까?"라는 생각이 들 수 있다.

iRest 연구소

iRest 연구소는 아이레스트 명상 초급자부터 숙련자 및 지도자를 위한 멘토링, 세미나, 워크숍, 집중수련, 교육 등을 제공한다. 웹사이트를 방문하면, 가까운 곳의 위치나 지도자의 리스트를 볼 수 있다.

MP3 녹음

iRest 연구소 웹사이트(iRest.org)에서 6단계의 요가 니드라뿐만 아니라 깊은 회복적 잠에 도움이 되는 수련들을 포함하여 42개의 MP3 녹음을 접할 수 있다.

아이레스트 명상 추가 수련

수업, 워크숍, 집중수련 등을 진행하는 아이레스트 명상 지도자들이 세계 각국에 있다. iRest 연구소 웹사이트에서 가까운 곳의 교사를 찾아보라. iRest 연구소는 워크숍, 심화훈련, 웨비나, 아이레스트 명상 지도자 자격증(iRest Teacher®, iRest. org.)을 위한 교육 등도 제공하고 있다.

비이원 사이비즘 읽을거리

Hughes, John. *Self-Realization in Kashmir Shaivism*. Albany, NY: SUNY Press, 1994.

Odier, Daniel. *Desire: The Tantric Path to Awakening*. Rochester, VT: Inner Traditions, 2001.

Singh, Jaideva. *Pratyabijñāhṛdayam: The Secret of Self-Recognition*. New Delhi, India: Banarsidass, 1998.

Singh, Jaideva. *Siva Sutras: The Yoga of Supreme Identity*. New Delhi, India: Banarsidass, 1998.

Singh, Jaideva. *Spanda Karikas: The Divine Creative Pulsation*. New Delhi, India: Banarsidass, 1994.

Singh, Jaideva. *Vijñānabhairav: The Yoga of Delight, Wonder, and Astonishment*. New Delhi, India: Banarsidass, 1979.

Wallis, Christopher. *The Recognition Sutras*. Boulder, CO: Mattamayura Press, 2017.

Wallis, Christopher. *Tantra Illuminated*. Boulder, CO: Mattamayura Press, 2013.

참고문헌

Barks, Coleman, and John Moyne. *Unseen Rain*. Putney, VT: Threshold Books, 1984.

Bly, Robert. *The Kabir Book*. Boston: Beacon Press, 1971.

Eckhart, Meister. *The Complete Mystical Works of Meister Eckhart*. Translated by Maurice O'C Walshe. New York: Crossroad, 2009.

Feuerstein, Georg. *Encyclopedic Dictionary of Yoga*. St. Paul, MN: Paragon House, 1990.

Franck, Frederick. *The Book of Angelus Silesius: The 17th Century European Zen Poet whose Verses Form a Bridge Between the Mysticism of the East and the West*. Santa Fe, NM: Bear and Co., 1985.

Gazzaniga, Michael. *The Mind's Past*. Berkeley, CA: University of California Press, 1998.

Jenny, Hans. *Cymatics, 2 vols*. Basel, Germany: Basilius Press, Germany, 1972.

Klein, Jean. *The Ease of Being*. Santa Barbara, CA: Third Millennium Publications, 1984.

Klein, Jean. *I Am*. Santa Barbara, CA: Third Millennium Publications, 1989.

Klein, Jean. *Transmission of the Flame*. Santa Barbara, CA: Third Millennium Publications, 1990.

Klein, Jean. *Who Am I?* Santa Barbara, CA: Third Millennium Publications, 1988.

Kohn, Sherab Chodzin. *The Awakened One: A Life of the Buddha.* Boston: Shambhala, 1994.

Kornfield, Jack. *After the Ecstasy, the Laundry.* New York: Bantam, 2000.

Liberman, Jacob. *Light Medicine of the Future.* Santa Fe, NM: Bear and Co., 1990.

Libet, Benjamin. *Mind Time: The Temporal Factor in Consciousness.* Cambridge, MA: Harvard University Press, 2004.

Maharshi, Ramana. *The Spiritual Teachings of Ramana Maharshi.* Boston: Shambhala, 1988.

Miller, Richard C. *Infinite Awakening: The Principles and Practice of iRest Yoga Nidra.* Sebastopol, CA: An hata Press, 2001.

Miller, Richard C. *iRest At Ease.* iRest Institute, 2011.

Miller, Richard C. *iRest Meditation: Restorative Practices for Health, Resiliency, and Well-Being.* Boulder, CO: Sounds True, 2015.

Miller, Richard C. *The iRest Program for Healing PTSD: A Proven-Effective Approach to Using Yoga Nidra Meditation and Deep Relaxation Techniques to Overcome Trauma.* Oakland: New Harbinger Publications, 2015.

Miller, Richard C. *Resting in Stillness.* iRest Institute, 2011.

Mishra, Ramamurti S. *Fundamentals of Yoga: A Handbook of Theory, Practice, and Application.* New York: Julian Press, 1979.

Mishra, Ramamurti S. *Yoga Sutras: The Textbook of Yoga Psychology.* New York: Anchor Press, 1973.

Niranjanananda, Swami. *Prana, Pranayama, Prana Vidya.* India: Yoga Publications Trust, 1994.

참고문헌

Rama, Swami. *Exercise without Movement*. Honesdale, PA: Himalayan Institute, 1984.

Rama, Swami. *Joints and Glands Exercises*. Honesdale, PA: Himalayan Institute, 1982.

Reps, Paul, and Nyogen Senzaki. *Zen Flesh, Zen Bones*. Boston: Tuttle Publishing, 1985.

Satyananda, Swami. *iRest Yoga Nidra*. India: Yoga Publications Trust, 1976.

Satyananda, Swami. *Meditation from the Tantras*. India: Yoga Publications Trust, 1974.

Tauler, Johannes. *Sermons*. Translated by Maria Shrady. New York: Paulist Press, 1985.

Venkatesananda, Swami. *Enlightened Living: A New Interpretative Translation of the Yoga Sutra of Maharshi Patanjali*. Sebastopol, CA: Anāhata Press, 1999.

Weber, Gary. *Happiness Beyond Thought*. Lincoln, NE: iUniverse, 2007.

Wei, Wu Wei. *Open Secret*. Hong Kong: Hong Kong University Press, 1982.

저자 소개

리처드 밀러(Richard Miller PhD.)

©Douglas Sanberg

리처드 밀러 박사는 그가 열세 살 때, 모래구덩이에 누워 별이 빛나는 하늘을 바라보다가 우주가 하나라는 진리를 깨달은 후부터 비이원론의 길을 걸어왔다. 그 과정에서 유대-기독교, 불교, 도교 및 한의학을 공부했고 심리학 학사(1970), 커뮤니케이션 석사(1975), 임상심리학 박사(1987)를 취득했다. 로라 쿠밍스Laura Cummings, 데시카차르T. K. V. Desikachar, 다다 가반드Dada Gavand, 라마나 마하리쉬Ramana Maharshi, 프랭클린 존스Franklin Jones(다 프리 존Da Free John), 라메쉬 발세카르Ramesh Balsekar, 수잔 시걸Suzanne Segal, 진 클라인Jean Klein과 같은 특별한 스승들이 그에게 영향을 주었다.

어린 시절에 시작된 일련의 깨달음에 이어 그의 영적 멘토가 된 진 클라인으로부터 가르침을 받으면서 모든 분리감이 사라졌다. 리처드 밀러 박사는 이 깨달음을 늘 새롭고 생생하게 경험한다. 1972년 이후부터 그는 비이원적인 본성에의 깨달음에 관심이 있는 사람들과 지속적으로 만나 대화를 나누고 있다.

리처드 밀러 박사는 요가 분야의 선두주자로 『Yoga Journal』에 선정되고 『American Yoga(Barnes & Noble)』에 그의 특집기사가 소개되었다. 리처드 밀러 박사는 세계 요가 치료 협회의 공동설립자이자 요가 치료 협회에서 발행한 학회지의 초대 편집장을 지냈다. 그는 『The iRest Program for Healing PTSD』(2015, New Harbinger)과 『The Sacred Mirror: Nondual Wisdom and Psychotherapy』(2003, Paragon Hose) 중 '모든 것을 환영하라' 부분을 비롯하여 수많은 글을 저술했다. 현재 iRest Yoga Nidra 명상 교육 워크숍, 비이원 명상에 관한 저술, 요가와 비이원성에 관한 산스크리트 서적 번역 등에 관심을 기울이고 있다.

리처드 밀러 박사는 집중수련회를 주최하여 사람들이 일상에서도 본성을 깨닫고 체화할 수 있도록 가르침을 전하는 데 가장 보람을 느낀다. 그와 연락을 원하면 iRest.org 웹사이트를 이용하면 된다.

역자 소개

노은아(Noh eun-ah)

고려대학교 심리학과를 졸업하고 동대학원에서 임상상담심리 석사학위를 취득하였다. 임상심리전문가/정신건강임상심리사 1급 자격증을 취득했고 서울아산병원 정신건강의학과에서 임상심리전문가/정신건강 임상심리사 1급 수련감독자로 일하고 있다. NYU School of Medicine의 정신분석적 정신치료 2년 온라인 과정을 마쳤고 iRest Yoga Nidra Level 1 지도자 과정을 이수했으며, 서울불교대학원대학교 요가치료학 박사과정을 수료하였다.

조옥경(Cho ok-kyeong)

고려대학교 대학원에서 심리학으로 박사학위를 취득하였다. 인도 뿌나 대학교에서 요가심리학을 수학하였고, 인도 아엥가 센터와 미국 히말라야 연구소에서 요가를 수련하였다. 서울불교대학원대학교 교수로 재직하였으며, 한국요학학회 회장, 대한심신치의학회 부회장을 역임하였다. 현재는 한국명상학회 회장을 맡고 있고, 마인드오아시스 아카데미 대표이다. 의식의 성장을 위해 요가와 명상 수행을 기반으로 몸-마음-영성의 통합적 건강 및 성장 패러다임을 지도하며 보급하는 데 관심을 두고 있다. 요가 관련 다수의 논문과 『요가 첫걸음』(2006, 학지사), 『마음챙김을 위한 요가』(2009, 학지사), 『웰니스를 위한 비니요가』(2011, 학지사), 『요가를 통한 심리치료』(2015, 학지사) 등의 역서가 있다. 또한 의식의 통합과 성장을 위한 켄 윌버Ken Wilber의 저서를 다수 번역하고 통합사상을 교육하고 대중화하는 데 노력을 기울이고 있기도 하다.

몸과 마음의 회복을 위한

아이레스트 명상
YOGA NIDRA: The iRest Meditative Practice for Deep
Relaxation and Healing, New Edition

2024년 1월 5일 1판 1쇄 인쇄
2024년 1월 10일 1판 1쇄 발행

지은이 • Richard Miller
옮긴이 • 노은아 · 조옥경
펴낸이 • 김진환
펴낸곳 • ㈜**학지사**

　　　　　04031 서울특별시 마포구 양화로 15길 20 마인드월드빌딩
대표전화 • 02-330-5114　　팩스 • 02-324-2345
등록번호 • 제313-2006-000265호

홈페이지 • http://www.hakjisa.co.kr
인스타그램 • https://www.instagram.com/hakjisabook

ISBN 978-89-997-3029-0 93180

정가 15,000원

출판미디어기업 **학지사**

간호보건의학출판 **학지사메디컬** www.hakjisamd.co.kr
심리검사연구소 **인싸이트** www.inpsyt.co.kr
학술논문서비스 **뉴논문** www.newnonmun.com
교육연수원 **카운피아** www.counpia.com